Tudo é temporário

Tudo é temporário

Pequenos impulsos para uma vida mais leve

Mario Lopez

Impressão

Tudo é temporário
Pequenos impulsos para uma vida mais leve
Autor: Mario Lopez
Editora: ML Publishing
Margarethenstr. 7, 47226 Duisburg

Web: www.ml-publishing.com
Email: book@ml-publishing.com

Aviso: Este livro contém, entre outras coisas, experiências e pensamentos pessoais.

1ª edição 2026
ISBN: 978-3-912373-21-9
Design da capa: Mico Lopez
Revisão da Jane

Índice

Algumas palavras antes 1

Introdução 3

A prova mais antiga? 5

Carpe Diem – este dia é temporário 7

Não leve tão a sério, porque tudo é temporário 9

A morte 11

Sinta a dor 13

Desistir não é uma opção 15

Isso também vai passar 19

O açougueiro 21

A ilusão do controle 23

O carrinho de lanches 25

Perda e ganho 27

Meu primeiro casamento 29

Uma experiência que mudou tudo 31

A locadora de VHS 33

Pai solteiro 35

A morte Parte II 39

O outing 41

O valor do instante 43

A busca pelo leque 45

Na praia 47

Trânsito irrita? 49

A mudança 51

Saúde – o bem mais precioso 53

((Meu) sentido da vida 57

Despedida 59

O "muro" 63

Prego e machado 67

Engarrafamento na A44 73

Um grão de areia na Via Láctea 75

Tudo é mesmo temporário? 79

O tempo é relativo 83

O celular 85

O que fica? 89

Olhando para trás 91

Quando os filhos vão 93

O recomeço silencioso 97

O caminho até o primeiro livro 99

Abençoado por poder fazer o que eu amo 101

O próximo capítulo 105

Às vezes mais longo, às vezes mais curto 109

Parceria 113

Pensamento final 117

Agradecimentos 121

Sobre o autor 123

Obrigado 125

Algumas palavras antes

Este livro é para você. Ele fala de coisas que podem acontecer com todos nós: perda, dor, medo, mas também esperança, recomeço e aqueles pequenos momentos que nos levantam de novo.

Eu não escrevo para parecer esperto. Eu escrevo porque eu mesmo vivi como tudo pode mudar rápido. A gente acha que está com tudo sob controle e, de repente, a vida vem e te mostra outra coisa.

A ideia mais importante deste livro é simples: tudo é temporário. O que está pesando em você agora não vai ficar para sempre. O que te assusta não vai ficar eternamente sobre a sua cabeça. E até a tristeza não tem a última palavra. Não vai continuar do jeito que está, e exatamente isso pode nos ajudar a seguir em frente.

Mas isso não vale só para os tempos difíceis. Do mesmo jeito, o que é bom também não fica para sempre. Momentos bonitos passam. A felicidade vem e vai. E por isso a gente não deve ignorar esses momentos, nem adiar, nem querer "recuperar depois". Se agora está bom, então aproveite. Respire fundo. Esteja presente. Porque este instante também passa.

Leia este livro devagar, talvez só um capítulo por dia. Pegue o que fizer sentido para você. E se em alguma frase você parar por um segundo, isso está certo.

Eu desejo que você encontre nestas páginas algo que te faça respirar mais leve.

Introdução

Tudo é temporário. Três palavras simples, e mesmo assim existe nelas mais verdade do que muitos de nós queremos aceitar. Nada fica como está: nem a dor, nem a alegria, nem a própria vida. Tudo muda, e nisso também existe um sentido.

Este livro não é um manual dizendo como você deve viver. Ele é mais um companheiro: honesto, simples, humano. Ele traz pensamentos e experiências de uma vida real. Algumas foram bonitas, outras dolorosas, mas todas tinham algo em comum: mostraram que até aquilo que parece sem fim, um dia passa.

Este livro não foi escrito porque tudo já foi entendido. Ele foi escrito porque a vida ensina muita coisa. Às vezes de forma calma, às vezes de forma dura. Pessoas vêm e vão. As fases mudam. E até os momentos que mais nos marcam não ficam para sempre.

Para quem é este livro? Para todos que às vezes pensam demais. Para quem leva a vida a sério demais. Para pessoas que se preocupam, que duvidam, e nem sempre sabem o que fazer com os próprios pensamentos. Para quem quer aprender a soltar.

Para quem quer viver o agora com mais consciência. E também para quem está passando por um tempo difícil e talvez só precise de um pequeno apoio.

Na vida, a gente tenta segurar as coisas: pessoas, conquistas, momentos. Mas tudo tem o seu tempo. E às vezes a gente só percebe quando já passou. A vida ensina paciência e lembra, de novo e de novo, que nada é eterno: nem o bom, nem o ruim.

Se você ler este livro, eu desejo que você pare de vez em quando. Que você perceba que até as fases difíceis passam. E que você aprenda a aproveitar melhor os momentos bons. Porque cada instante, por menor que seja, é único e não volta.

E talvez este livro te ajude a levar as coisas com mais leveza. Porque no fim, a verdade é sempre a mesma: **tudo é temporário.**

A prova mais antiga?

Quando a gente pensa na palavra "temporário", geralmente pensa primeiro na própria vida: mudanças, envelhecer, começo e fim.

¿Mas o que acontece quando a gente abre mais o olhar? Bem mais. Tão longe que dá para enxergar o todo?

Pesquisadores acreditam que tudo começou há cerca de 13,8 bilhões de anos, com o Big Bang. Um momento que a gente quase não consegue imaginar. Do que parecia ser nada, surgiram espaço e tempo, energia e matéria. E desde então, o universo está se expandindo.

Galáxias nascem, se movem, batem umas nas outras e mudam. Estrelas nascem, brilham por milhões de anos e depois se apagam. Até o nosso Sol, que nos dá luz e calor todos os dias, um dia vai deixar de existir. Não hoje, nem amanhã, mas um dia.

Até planetas, luas e buracos negros, no fim, são só temporários. Eles surgem, mudam e depois desaparecem.

Quando a gente entende isso de verdade, uma coisa fica clara: nada fica para sempre. Nem as estrelas. E talvez nem o tempo, do jeito que a gente conhece hoje.

Agora coloca isso ao lado da nossa vida. A expectativa média de vida no mundo está por volta de 73 años. Em muitos países, 80 ou um pouco mais. Comparado com 13,8 bilhões de anos, uma vida humana é quase nada. Em porcentagem, uma vida inteira é mais ou menos 0,0000005 por cento do tempo que o universo existe até agora. Um pontinho tão pequeno que quase não dá para ver.

E mesmo assim, a gente le va a nossa vida curta muito a sério. A gente se irrita, briga, luta, como se tudo fosse durar para sempre.

Mas nós estamos aqui só de passagem. Uma visita curta. Uma etapa bem pequena.

Por isso vale a pena usar bem esse tempo: viver, amar, rir, sentir. E não tornar tudo tão pesado. Principalmente não tornar a si mesmo tão pesado. Porque até as maiores preocupações, um dia, ficam mais baixas. Elas desbotam, como uma estrela cuja luz ainda viaja até nós, mesmo depois de ela já ter desaparecido.

Talvez essa seja a prova mais antiga: tudo é temporário. Nada fica como foi. Nem o próprio universo. E talvez exista beleza nisso: nós fazemos parte de algo enorme. Por pouco tempo. De passagem. E mesmo assim, vivos.

Tudo é temporário.

Carpe Diem – este dia é temporário

Soa forte. Muita gente tem isso como frase na parede. E, mesmo assim, a gente vive muitas vezes exatamente ao contrário. O dia passa, a gente só funciona, e já está pensando no amanhã, enquanto o hoje ainda nem começou direito.

Há um tempo atrás, nós comemoramos o aniversário de 19 anos do meu filho. Pouco antes disso, ele tinha ido morar sozinho porque queria estudar. Eu estava orgulhoso, feliz, e ao mesmo tempo veio aquele sentimento quieto que entra no meio: mais uma coisa já ficou para trás. Mais uma fase.

Meus dois filhos mais velhos também estavam lá. Eu olhei para eles e percebi: isso aqui é um momento que a gente não consegue segurar, mas que não pode deixar passar. Para eles começa um novo caminho, e para mim também. O dia estava bonito. A gente riu, conversou, lembrou de coisas. E exatamente por isso ele era perigoso, porque esses instantes passam rápido, sem a gente perceber.

E aí aconteceu: a minha cabeça foi passear. Eu olhei pela janela, vi a garagem pela metade e pronto: planejar, calcular, próximos passos, material, tempo. Depois veio o carro de leasing e, no pensamento seguinte: logo vai ter que vir um substituto, contrato, prazos, papelada.

E, de repente, apareceram também aquelas pequenas coisas que precisam ser resolvidas "rapidinho". A cabeça cheia. O momento foi embora. Dentro de mim, deu um estalo: para. Para com isso.

Você está sentado num momento feliz, com pessoas que são importantes para você, e nem está realmente ali. Só o corpo está. O resto já saiu andando.

Mais tarde, a Dr. Ramona Lorenz me mandou um pensamento sobre isso. Ela vem da pesquisa em educação e trabalha muito com a questão de como relação, atenção e presença verdadeira funcionam no dia a dia.

"Mais um pensamento que ficou muito presente para mim durante a leitura: estar conscientemente presente no momento é muitas vezes exatamente o que faz uma boa relação com outras pessoas. Quando uma criança percebe que alguém está só fisicamente presente, isso pesa na relação, e com o tempo pode haver um afastamento. Eu acho que as crianças percebem isso com muita sensibilidade, mas isso também vale para outras pessoas na vida." Dr. Ramona Lorenz

¿Por que a gente faz isso? Por que é tão difícil simplesmente estar aqui? A gente vive no retrovisor ou no calendário, no ontem ou no amanhã, e passa por cima da única coisa que é real: agora.

Eu respirei fundo e voltei para mim. Não depois, agora. Fica aqui. Bem aqui. E então ele voltou, o momento: calor, risos, proximidade, aquela sensação de que, por um instante, tudo está certo sem que você precise fazer nada.

Às vezes, a vida é exatamente isso: um sinal por dentro que diz: acorda. Fica aqui. Porque o que a gente vive hoje, amanhã já é lembrança. E toda lembrança começa com um agora vivido. Use este dia. Porque ele também é temporário.

Não leve tão a sério, porque tudo é temporário

A gente muitas vezes deixa a vida mais pesada do que ela precisa ser. A gente se irrita com coisas que não consegue mudar. A gente se agarra em preocupação, raiva ou decepção como se tivesse que segurar isso. Mas a verdade é simples: nada fica.

Tudo está em movimento. Hoje é assim, amanhã é diferente. Uma briga às vezes parece um rasgo que nunca vai fechar. Um erro parece um carimbo na testa. Uma decepção parece uma pedra na barriga. Mas não é para sempre. É uma fase. E passa.

A gente infla pequenas coisas até elas tirarem o nosso ar: uma palavra errada, um olhar, um momento que não sai como o planejado. Na hora, parece enorme, quase impossível. E depois, você olha para trás e pensa: sério? Eu gastei tanta energia com isso?

A vida fica mais leve quando você consegue dar um passo para trás por dentro. Nem tudo que acontece precisa te puxar. Nem tudo merece a sua atenção inteira. Às vezes, basta um respiro e uma frase que te traz de volta: isso também vai passar.

Calma não significa que nada importa para você. Calma significa: você decide o que é importante. E muita coisa não é.

"Quando a gente se torna consciente disso, naquele momento também tem uma ferramenta para lidar com a situação de forma mais orientada. O temporário vira um guia que coloca ordem: o que vale receber tempo e energia, e o que não vale." Citação Dr. Ramona Lorenz

Hoje um problema parece grande. Amanhã é só uma história. Depois de amanhã, talvez você até sorria.

Leve a vida com mais leveza. Erros são normais. Reveses também. Eles não são "nada", mas também não são o fim. Você pode aprender com isso, pode crescer com isso, e mesmo assim continua valendo: não se destrua por causa disso.

Aconteceu. Você leva com você. E depois segue em frente, como ondas: você balança por um momento e depois volta a ficar calmo.

No fim, não conta o que te tirou do rumo por pouco tempo. Conta que você continua.

Não leve tão a sério, porque tudo é temporário.

A morte

Eu tinha seis anos quando a minha mãe morreu. Ela perdeu a vida num acidente de carro. O acidente aconteceu quando ela estava levando o meu pai para o trabalho.

Meu pai, que trabalhava na ferrovia como manobrador, chegou em casa coberto de sangue. Ele tinha sobrevivido. Ela não. Um caminhão não respeitou a preferência dela.

Eu ainda me lembro da agitação que entrou de repente na nossa vida e, ao mesmo tempo, daquele silêncio. Vizinhos e amigos tentavam consolar. Eles traziam chocolate para fazer alguma coisa boa para nós, crianças. Se isso ajudou naquele momento, eu hoje não sei mais. Acho que era simplesmente coisa demais para entender o que tinha acontecido.

Meu pai ficou, de uma hora para outra, sozinho, com quatro filhos. Ele fazia tudo para manter o dia a dia funcionando. Mas o vazio que a minha mãe deixou ninguém podia preencher.

Eu lembro de noites em que ele ficava sentado à mesa da cozinha. Quieto. Cansado. Exausto. E mesmo assim ali. Ele fazia o melhor que podia e nunca deixava a fraqueza aparecer.

Naquela época, eu não conseguia colocar o sofrimento no lugar certo. Eu tinha medo e não sabia como ia ser. Para uma criança, a morte é algo impossível de entender. A gente só sente que falta alguma coisa, e que isso não volta mais.

Se naquela época alguém tivesse me explicado de um jeito que eu pudesse entender: "essa dor não é infinita, ela é, como tudo na vida, temporária", talvez isso tivesse me ajudado a lidar melhor com a situação. Mas ninguém me dizia uma coisa assim.

Hoje, muitos anos depois, eu vejo aquele momento como parte da minha vida. Como o começo de algo que me marcou. Eu aprendi que até o pior muda com o tempo. A gente continua vivendo. A gente lembra. E aprende a viver com a lembrança.

Minha esposa Silvina tem uma frase que ficou comigo: a dor nunca vai embora por completo, mas ela muda as cores, as tonalidades. E foi exatamente assim que eu vivi isso.

Até a dor mais profunda é temporária, como tudo na vida.

Sinta a dor

A dor faz parte da vida, querendo ou não. Ela chega de muitas formas: no corpo, na alma, com perdas, decepções ou despedidas. Às vezes ela dá sinais, às vezes vem de repente, nos tira do rumo e faz a gente acreditar que nada vai ser como antes.

Mas a dor nunca fica igual. Ela muda, como tudo na vida. No começo ela é alta, ardida, difícil de suportar. Com o tempo, ela fica mais silenciosa. Perde o corte. Vira lembrança. E, às vezes, dessa lembrança nasce até gratidão.

Muita gente tenta evitar a dor. Se distrai, empurra para baixo, foge para o trabalho ou para distrações o tempo todo. Mas a dor precisa ser sentida, senão ela fica. Ela é como um visitante que só consegue ir embora quando você o percebe, quando você o deixa entrar, quando você escuta e entende o que ele quer te dizer.

Eu aprendi, ao longo da minha vida, que tentar sufocar a dor muitas vezes só deixa ela mais forte. Mas quem a aceita com consciência, quem a sente sem deixar que ela engula tudo, com o tempo fica mais livre. A dor muda a gente. Ela mostra o que realmente importa, o que a gente ama, o que a gente precisa e o que não precisa. Ela obriga a gente a olhar. E, às vezes, esse é exatamente o sentido dela.

Então, da próxima vez que você sofrer, quando alguma coisa te atingir e te mexer por dentro, lembre-se: você não precisa lutar contra essa dor. Você pode sentir. Porque ela também não é para sempre. Ela vai ficar mais silenciosa. Ela vai te dar uma força nova. E um dia você vai olhar para trás e poder dizer: eu passei por isso. **Sinta a dor, mas saiba: ela é temporária.**

Desistir não é uma opção

Muitos dos meus alunos conhecem essa frase minha: "Desistir não é uma opção." Ela está grande, em caracteres chineses, na parede da nossa escola. Não porque fica bonito, mas porque é sério.

Quando essa frase aparece no treino, não é para colocar pressão. É para lembrar: força não começa nos músculos. Começa na cabeça. Desistir não é automaticamente fraqueza, mas continuar forma caráter.

Isso fica bem claro no treino de resistência, ou em exercícios que parecem não ter fim. Alguns colocam um limite por dentro. Outros dão mais um passo. Tem momentos em que dá para ver exatamente quando alguém pensa: não aguento mais. E é aí que entra essa frase: "Desistir não é uma opção."

Muitas vezes, ela já basta. De repente, a postura muda. A respiração fica mais calma. A força volta. Não porque o cansaço sumiu, mas porque a vontade fica maior. Esse instante, quando alguém vai além de si mesmo, não tem preço. Não só no esporte, mas na vida.

Porque no fim, raramente é só talento que decide. Muito mais vezes é a perseverança. Quantas competições já foram decididas no último segundo? Incontáveis. Seja numa maratona, no futebol, numa prova de direção, numa formação ou na faculdade, no final muitas vezes vence quem não para. Às vezes o sucesso tem a ver com sorte, mas quase sempre tem a ver com uma decisão: continuar.

No dia a dia é igual. No trabalho, nas relações, nos próprios objetivos, todo mundo um dia encosta em limites. Às vezes a gente falha, às vezes dúvida, e às vezes só quer parar. Mas quem aprende a seguir mesmo assim fica mais forte do que qualquer queda. Porque esforço, dor e exaustão não duram para sempre.

E às vezes continuar não significa "forçar a qualquer preço". Às vezes significa: parar um segundo, respirar e recomeçar. E às vezes, nesse momento, você percebe que o objetivo estava mal escolhido, ou não combina mais com a sua vida. Aí não é desistir. É ajustar com inteligência. Mas não desistir.

Às vezes demora dias. Às vezes semanas ou meses. Às vezes anos. Mas nada fica igual para sempre. O que fica é a lembrança de não ter desistido. Isso é como uma vitória silenciosa. Não é barulhenta, não é exibida, mas acompanha a gente por muito tempo.

Eu vivi esse princípio muitas vezes: no treino, no dia a dia, escrevendo meus livros e em projetos que custaram mais força do que dá para ver de fora. E sempre que eu estava perto de jogar tudo para o alto, essa frase voltava: "Desistir não é uma opção."

Ela me acompanha como um professor calmo. Ela lembra que nada é eterno: nem o esforço, nem a dor, nem as dúvidas. Tudo é temporário. Mas o que nasce quando a gente aguenta firme, isso fica. E é por isso que vale a pena levantar de novo e de novo. Só quem continua pode crescer.

Por mais difícil que seja, este instante é temporário.

Minha época de escola como filho de trabalhadores imigrantes

Depois da morte da minha mãe, nós nos mudamos para Duisburg Hohenbudberg, para uma vila de ferroviários. Meu pai trabalhava lá na ferrovia como manobrador.

Ele era um dos muitos chamados "trabalhadores convidados" que vieram para a Alemanha no começo dos anos 1960. Meus dois irmãos mais velhos ainda nasceram no sul da Espanha. Eu mesmo nasci em Rheinhausen, hoje Duisburg Rheinhausen.

Depois do primário, como era comum naquela época, eu deveria ir para a escola mais próxima, uma escola secundária de nível básico. Logo no primeiro dia eu percebi que eu era diferente. Não só na aparência, mas também no nome e, principalmente, nos olhos dos outros. Para muitos, eu era o estrangeiro. Essa palavra nem sempre era dita na cara, mas dava para sentir: nos olhares, nos recreios, nas pequenas frases.

Eu era o único da minha turma com um nome espanhol: Mario Lopez.

Nessa época eu tive que aprender a me impor. Tinha dias em que palavras não bastavam. A gente precisava se defender, sem grandes explicações.

Na verdade, eu só queria pertencer. Mas isso não era nada fácil. Eu lembro de muitas tardes em que eu ia para casa pensando: quando essa escola vai acabar? Sempre essas brigas, esses atritos, essa obrigação de ser forte. Parecia não ter fim. Hoje eu sei: era uma fase. Dura. E que ensinou muito.

Se naquela época um professor tivesse me dito: tudo é temporário, esse tempo vai passar, vamos juntos ver como tirar o melhor disso, talvez algumas coisas teriam sido mais leves para mim. Mas isso não existia.

Naquele tempo, ninguém falava dessas coisas. E é exatamente por isso que eu escrevo este livro. Ele deve dar coragem para continuar, mesmo quando é difícil. Porque até os tempos difíceis mudam. Eles também passam.

Hoje eu vejo aqueles anos de escola como uma das escolas mais importantes da minha vida. Eles me ensinaram a ser forte e a me colocar de pé. Eu aprendi que aceitação nem sempre vem de presente. Às vezes a gente precisa conquistar. Às vezes até lutar por ela.

E o mais importante: mesmo sendo pesado naquela época, era só um trecho. Um tempo. Uma fase entre muitas que ainda viriam.

Tudo é temporário.

Isso também vai passar

Quantas vezes a gente deixa a vida pesada por conta própria? A gente pensa demais, dúvida, sente medo, e no fim aquilo que a gente teme nem acontece.

A cabeça fica girando em círculo. A gente coloca pedras no próprio caminho e, no meio disso, esquece de viver.

Eu penso em situações em que eu me estressei com besteiras: um compromisso perdido, uma palavra errada, uma conta que chegou do nada. Naquele momento parecia enorme, como se tudo fosse desabar. E alguns dias depois já nem era importante. Aí eu me perguntava: por que eu me preocupei tanto?

Muitas preocupações são como nuvens escuras. Elas parecem ameaçadoras, mas muitas vezes passam sem nem chover. E quando a gente entende isso, muita coisa fica mais leve.

Às vezes a gente ouve um número, que 96 por cento das nossas preocupações nunca acontecem. Se é exatamente esse número ou não, pouco importa. A ideia por trás é verdadeira: a gente dá espaço demais para certos medos. A gente alimenta eles com tempo, energia e noites mal dormidas.

A gente teme ficar doente. A gente teme que o dinheiro não dê. A gente tem medo de perder o parceiro ou o trabalho. E aí, sendo sincero: quantas vezes isso realmente acontece?

Não tantas. E quando acontece, a gente quase sempre encontra um caminho. Talvez não na hora. Talvez não perfeito. Mas a vida segue.

Hoje eu sei: muita coisa que pesa hoje, amanhã já pesa menos. Algumas coisas se resolvem com o tempo. E até fases difíceis não duram para sempre.

Então não se torture com aquilo que você não pode mudar. Confie que tudo tem o seu tempo e passa. Porque nenhum problema, nenhum medo, nenhuma preocupação ficam para sempre.

Tudo é temporário.

O açougueiro

Com 15 anos eu comecei a formação para ser açougueiro. Na época, a gente ainda dizia "metzger". O primeiro dia ficou gravado, como se fosse ontem.

De manhã eu estava na sala das linguiças. Na minha frente tinha uma cuba grande de metal, como uma banheira em quatro pernas, cheia de sangue, bucho e coisas que naquela época eram estranhas e que, sinceramente, eu preferia que tivessem continuado estranhas. O cheiro era pesado, forte, quase impossível de aguentar.

Eu perguntei, com cuidado, se existia uma máquina, um misturador, qualquer coisa para mexer aquilo. A resposta foi seca: Faz um esforço. Você vai usar os braços." Bastou olhar o rosto do oficial. Não era piada. Era sério. Então começou.

Aquela coisa quente e escorregadia subia pelos meus antebraços. Quase me deu enjoo. Mesmo assim eu fiquei ali. Não para parecer forte, mas porque eu não queria decepcionar o meu pai. Ele criou quatro filhos sozinho. Não tinha espaço para desculpas.

A oficina era fria. O trabalho era duro. O salário era pequeno. Mas a equipe era boa. A gente ria junto. E isso muitas vezes foi o que me manteve de pé.

Com o tempo veio a rotina: lidar com a faca, lidar com pressão, lidar com cheiros, e lidar com dias que simplesmente não são agradáveis. Disciplina deixou de ser teoria e virou dia a dia.

Não existia "mesada", então eu precisava ganhar o meu próprio dinheiro. Desistir não era uma opção. Então eu fui até o fim.

Naquela época eu não entendia para que aquilo serviria. Hoje eu entendo: esses anos ajudaram, mais tarde, a aguentar firme na vida. A formação foi dura, sim. Mas ela moldou. Vendo agora, não foi só trabalho. Foi desenvolvimento. Custou esforço, mas foi importante.

E como tudo na vida, isso também passou: o cheiro, o frio, o cansaço, os dias intermináveis.

Meu irmão mais novo até hoje tirar sarro disso. Ele fala rindo: "Foram os únicos anos em que você trabalhou de verdade." Aí a gente dá risada, e fica claro: essa fase já ficou lá atrás.

Tudo é temporário.

A ilusão do controle

Nós, seres humanos, temos a necessidade de ter tudo sob controle. A gente planeja, organiza, pensa à frente, na esperança de sentir segurança. Mas se a gente for sincero, raramente a gente realmente tem o controle na mão.

A gente acredita que consegue conduzir a vida. Mas muitas vezes é a vida que conduz a gente. A gente faz planos e a vida faz os planos dela. E às vezes tudo sai diferente do que a gente imaginou. E é exatamente isso que tira a nossa paz.

Eu lembro de muitas situações em que eu pensei: está tudo indo muito bem. E então veio algo que eu não esperava. Um acontecimento inesperado. Uma virada. Um momento que me obrigou a soltar, cair, levantar e continuar.

Talvez essa seja a lição: controle é uma ilusão. A gente pode controlar o nosso comportamento, mas não o resultado. A gente pode se preparar e planejar, mas a vida sempre tem a última palavra.

Eu penso às vezes em pessoas que se colocam pressão demais porque acreditam que tudo precisa ser perfeito. Elas se agarram a planos, a ideias, a rotinas. E quando algo dá errado, elas sentem como se tivessem fracassado. Mas elas não fracassaram. Elas só esqueceram que a vida não dá para forçar.

Eu também vivi momentos em que eu tentei segurar coisas que já tinham ido embora: relações, ideias, projetos que não funcionavam mais. Eu queria salvar, consertar, porque eu achava que eu podia influenciar o resultado. Até chegar ao ponto em que eu tive que soltar. E, eu pensava, também porque era o melhor para a outra pessoa envolvida.

Hoje eu sei: às vezes o melhor acontece quando a gente para de lutar. Quando a gente aceita que a vida tem o plano dela. Controle é importante até certo ponto. Depois disso, o que a gente precisa é confiança.

Porque até essa sensação de ter que ter tudo nas mãos é só uma fase. Uma ilusão que passa.

Como tudo. Porque tudo é temporário.

O carrinho de lanches

Depois da formação como açougueiro, eu queria construir algo meu. Eu era jovem, motivado, cheio de ideias. Então veio o crédito no banco onde a gente tinha conta, e pouco tempo depois ele estava lá: um carrinho de lanches. Ali começou a minha primeira vida como autônomo.

Com 19 anos, o carrinho ficou em Friemersheim, um bairro de Duisburg, na praça do mercado. Batata frita, salsicha grelhada, salsicha, tudo o que era rápido e que o povo gostava. O carrinho era simples, mas era o meu orgulho. Pela primeira vez eu senti: agora eu estou de pé por mim mesmo. Agora ninguém decide por mim.

A inauguração foi no inverno. Um novembro congelante. Em alguns dias, menos vinte graus. De manhã eu estava dentro do carrinho, o vapor da respiração aparecendo, os dedos quase congelados, e lá fora quase ninguém tinha vontade de ficar parado para comer naquele frio.

Mesmo assim eu continuei. Com alegria, mesmo com um começo duro. E de fato: foi melhorando.

Com o tempo vieram os clientes fixos. Muitos rostos ficaram conhecidos. As pessoas gostavam da comida e também do jeito como a gente se tratava. Às vezes uma brincadeira solta, às vezes um café por conta da casa. Esse contato com as pessoas era bom. E o sentimento de ter construído algo era melhor ainda.

Mas, como tantas vezes na vida, aconteceu diferente.

Uma manhã chegou uma carta da prefeitura: "Seu carrinho de lanches não se encaixa na paisagem da cidade." Preto no branco. Quase inacreditável. Pouco depois, a autorização do ponto foi cancelada.

Decepção, raiva, sensação de estar perdido. Eu tinha dado tudo, e de repente acabou.

Ao mesmo tempo veio a próxima notícia: minha primeira namorada séria estava grávida. 19 e 17. O momento não podia ser pior. A autonomia estava começando, e mesmo assim era claro: desistir não era uma opção. Eu precisava de uma renda segura.

Então, com o coração pesado, eu me desfiz do carrinho. Depois disso eu voltei a trabalhar como oficial num açougue em Duisburg Meiderich, na empresa Massa. Um passo para trás e, ao mesmo tempo, um passo para frente.

Hoje, quando eu lembro disso, eu sorrio. Essa fase ensinou muito: responsabilidade, coragem, e que reveses fazem parte. Nada fica como está. Às vezes isso dói. E às vezes é exatamente como tem que ser.

Aquela primeira autonomia foi temporária, mas me deixou mais forte. E isso está tudo bem.

Porque tudo é temporário.

Perda e ganho

Na vida a gente perde muita coisa: pessoas, objetos, chances, sonhos. E mesmo assim, com cada perda nasce também espaço. Espaço para algo novo.

Muitas vezes a gente só entende isso depois, quando olha para trás e percebe: aquele corte precisava acontecer para que outra coisa pudesse existir.

Na minha vida houve mais de um momento que parecia um fim. Naquela época eu tinha orgulho, motivação, aquela sensação de finalmente estar em pé por conta própria.

Quando eu tive que abrir mão do carrinho, a decepção foi grande. Parecia injusto. O futuro dava medo. E na cabeça só existia um pensamento: agora o sonho acabou.

Hoje eu vejo: não era um fim. Era um capítulo que precisava se fechar para um novo começar.

Depois veio a próxima tentativa. Autonomia de novo, desta vez um vídeo locadora de VHS. Eu comprei aparelhos e filmes e levava para os clientes, entregava pessoalmente. Foi bem, até que aparelhos quebraram e alguns clientes simplesmente sumiram com os filmes.

De novo um golpe. De novo uma perda. Naquela época eu pensei: de novo eu fracassei.

Com distância, a gente enxerga diferente. O que eu ganhei foi mais do que eu conseguia ver naquela hora: responsabilidade, um sentimento melhor de atendimento ao cliente, experiência com pessoas, e principalmente a capacidade de não ficar no chão depois de uma decepção.

Cair e levantar de novo deixa a gente mais forte. Não de uma vez. Mas passo a passo.

Perder dói, sim. Mas sem perda não existe mudança. Todo passo para frente significa deixar algo para trás. E às vezes aquilo que a gente perde é exatamente o que estava segurando a gente.

Quando eu olho para trás hoje, uma coisa fica clara: de cada perda nasceu crescimento. Não porque foi planejado, mas porque a vida exigiu assim.

Porque dentro de cada perda também existe um ganho. Já que tudo é temporário.

Meu primeiro casamento

Eu a conheci quando eu tinha 15 anos. Ela tinha 13. A gente era jovem, apaixonado e achava que isso ia durar para sempre. Mas a vida quase nunca pensa em "para sempre".

Quando veio a notícia da gravidez, tudo mudou. Mesmo assim, ficou claro na hora: esse bebê vai nascer.

Nos anos 80, para mim, como católico, era quase impossível imaginar criar um filho fora do casamento. Então decidimos casar-se. Ela estava no quarto mês de gravidez, e para mim parecia que eu já tinha idade suficiente para carregar uma responsabilidade dessas.

O dia no hospital está vivo na minha memória até hoje. Treze horas na sala de parto. Exausto, mas cheio de orgulho. E então ele chegou: meu filho. E de repente ficou claro: agora eu sou pai.

Esse momento foi lindo. Mas o tempo depois ficou pesado. A gente era jovem demais, sem experiência, e a responsabilidade era maior do que a gente conseguia entender.

A gente queria ser bons pais. A gente amava nosso filho. E então, nem quatro meses depois do nascimento, veio a próxima frase: "Eu estou grávida de novo."

Silêncio. Medo. Sobrecarga. Dúvidas. Tudo ao mesmo tempo.

Aborto também dessa vez não era uma opção. Então decidimos ter o segundo filho. Seria uma menina. A gente queria ser forte e fazer tudo certo. Mas a realidade foi mais dura: dois filhos, pouco dinheiro, muita pressão, e cada vez mais brigas entre dois pais jovens, claramente sobrecarregados.

O casamento começou a rachar. A gente brigava muito. Brincava demais. E muitas vezes na frente das crianças. Isso me dói até hoje.

Em algum momento veio a decisão de sair de casa. Não porque não existia amor, mas porque existia. E porque eu não queria que as crianças sofressem com os nossos conflitos. Foi uma decisão difícil, mas às vezes a distância é a única forma de a paz voltar a nascer.

Nossa filha nasceu dois anos antes da separação. Uma menininha maravilhosa, com quem até hoje existe uma ligação inseparável.

Com meu filho, a relação muitas vezes foi mais difícil. Ficava entre um orgulho enorme e aquele pensamento: por que ele faz isso? Eu acho que ele nunca me perdoou completamente por eu ter ido embora naquela época. Mesmo assim existe amor. E hoje existe contato regular. Isso me deixa muito feliz.

Quando eu olho para trás, eu não vejo só erros. Eu vejo lições. Com 21 anos eu já tinha dois filhos e a sensação de já ter vivido duas vidas. Olhando hoje, eu era jovem demais para tudo aquilo.

Foi uma fase turbulenta, mas cheia de vida. Ela mostrou que amor sozinho não basta, que responsabilidade pesa muito, e que às vezes é preciso soltar para não afundar.

Esse casamento, por mais curto que tenha sido, foi uma fase marcante.

Tudo é temporário.

Uma experiência que mudou tudo

Quando eu era adolescente, eu era muitas vezes cheio de raiva. Raiva de tudo e de todos. Eu me irritava rápido, era fácil me provocar, e eu vivia com aquela sensação de ser tratado de forma injusta.

O círculo de amigos combinava com isso: alto, explosivo, impulsivo. Pouco dinheiro, pouco rumo, e quando a gente é jovem, a gente não pensa no amanhã. A gente só tenta encontrar algum caminho para sobreviver.

Em algum momento aconteceu uma situação que depois abriu meus olhos. Foi parar no tribunal, por agressão.

A pena foram horas de serviço comunitário. Colocando pedras no chão perto do hospital Johanniter. Um fevereiro congelante. Essa fase mudou tudo.

Eu ainda sinto aquelas pedras frias na cabeça. As mãos vermelhas de frio. Nenhuma pessoa conhecida por perto. Nenhuma distração. Só trabalho e tempo. Tempo para pensar. Tempo para se arrepender. Tempo para entender.

Numa dessas noites veio o juramento: nunca mais. Nunca mais uma situação dessas. Nunca mais um erro desses. Nunca mais uma burrice dessas.

Depois dessa experiência, eu não era mais o mesmo. Algo tinha mudado por dentro. A raiva deixou de ser “legal”. A raiva virou só uma coisa: burrice. Eu queria que fosse diferente. Por mim, pelo meu pai, pela minha família.

Ainda bem que os velhos amigos também, mais tarde, acertaram o rumo. Trabalhar, continuar, sem ideias idiotas. Não porque de repente ficou tudo fácil, mas porque ficou claro para onde leva um caminho errado.

Essa experiência me ensinou mais do que qualquer livro e qualquer professor. Ela mostrou como a gente pode escorregar rápido. E que no fim só uma pessoa decide se fica lá embaixo ou muda o caminho.

Hoje eu sei: às vezes é preciso um choque para acordar. E por mais horrível que aquela fase tenha sido, no fim ela salvou.

Tudo que dói pode ser uma lição. E aquilo também foi só temporário.

A locadora de VHS

Na época antes de TikTok, X, Facebook, YouTube, Instagram, Netflix ou programas de IA, existiam fitas VHS. Aquelas fitas grandes, pretas, de plástico, que a gente colocava no videocassete para assistir a um filme.

Na TV tinham três canais: ARD, ZDF e WDR. Com sorte, pegava um quarto. Quem queria mais escolha ia até a locadora e alugava filmes.

Videocassete era caro. Alugar era burocrático: documento, ficha, cartão, tudo como numa biblioteca. E se você devolvia a fita atrasada, pagava taxa extra. Às vezes a multa saía mais cara do que a própria fita.

Foi aí que surgiu uma ideia: por que não levar os filmes direto na casa das pessoas e, junto, levar também o videocassete? Assim nasceu um pequeno serviço de entrega de filmes.

Talvez tenha sido uma ideia bem no começo do que hoje seria um "delivery". Só uma brincadeira. Mas eu mesmo dou risada enquanto escrevo isso.

Pegamos um crédito. Compramos cinco videocassetes e uma seleção de filmes populares. Em jornais de bairro, como o Stadtpanorama, saíam pequenos anúncios.

À noite, depois do trabalho, eu saía. Uma mala de viagem na mão, o aparelho debaixo do braço. Os clientes ligavam no telefone de disco para marcar horário. Celular ainda não existia.

No começo foi surpreendentemente bom. As pessoas gostavam, porque podiam ver filmes sem sair de casa.

Depois vieram os problemas. Alguns aparelhos quebraram. Alguns clientes se mudaram e simplesmente levaram filmes ou aparelhos junto. Outros, de repente, pararam de abrir a porta ou não atendiam mais o telefone direito.

Depois de alguns meses ficou claro: esse modelo não ia durar. De novo dinheiro perdido. De novo tempo investido. E de novo uma lição. Ser autônomo está longe de ser fácil.

Mesmo assim, não era o fim do mundo. O que naquela época parecia um grande tombo, olhando hoje era só uma etapa.

De certa forma, eu já tinha essa postura: dinheiro é só papel colorido. Então por que agir como se fosse tudo? A vontade de ser autônomo tinha outro motivo: tomar minhas próprias decisões, ter responsabilidade. Não era por causa do dinheiro.

Às vezes a gente perde uma coisa para ganhar outra depois: experiência, força, paciência. Essa tentativa fracassou, sim. Mas o que eu aprendi ali me deu coragem para tentar coisas novas.

E assim, essa fase também foi só uma parte da minha vida. Na época parecia gigante. Hoje eu vejo: era menor do que parecia.

Essa fase também foi temporária.

Pai solteiro

Em 1992, depois da reunificação, eu conheci minha segunda esposa em Brandenburg. Foi numa fase em que eu trabalhava como consultor financeiro, na área externa. No começo muita coisa combinava. A gente se dava bem, tinha planos, sonhos e ideias parecidas sobre a vida. Depois do primeiro casamento ter falhado, eu queria muito fazer melhor desta vez: mais maduro, mais experiente, com aquela sensação de que eu tinha aprendido com os erros. E, de fato, no início muita coisa foi boa.

A gente construiu algo em comum. E como pai eu também queria que fosse diferente: estar mais presente, ouvir mais, viver com mais consciência. Esse era o plano, e por um tempo funcionou.

Mas com os anos, a convivência mudou. Entre trabalho, rotina e obrigações, a proximidade foi se perdendo. Não foi um grande estouro. Foi mais um afastamento silencioso, quase sem perceber, até ficar claro: não existia mais um caminho juntos. O casamento durou 18 anos.

Depois da separação veio a briga pela guarda da nossa filha. A nossa pequena, recém completando cinco anos, disse no Serviço de Proteção à Criança e ao Adolescente: "Eu quero ficar com o papai." Essa frase ficou marcada. Alegria, alívio, e ao mesmo tempo respeito pelo que viria pela frente.

De repente eu estava sozinho de novo. Desta vez com uma criança que precisava de mim. E com uma responsabilidade que precisava ser carregada e que dava para carregar.

Por dez anos eu fui pai solteiro, até conhecer a minha esposa de hoje. Trabalhar, educar, ouvir, cozinhar, consolar, colocar limites.

Nessa fase tudo estava nos meus ombros. E mesmo assim eu fiz isso com gosto.

A rotina era um malabarismo: acordar cedo, acordar a criança, preparar o café, levar para a escola, trabalhar, cozinhar, lição de casa, roupa, arrumar, papelada, e à noite cair na cama, cansado. Foi puxado, sem dúvida. Mas valeu a pena. Cada dia.

Eu vivi essa fase de forma consciente, porque era intensa e real. Ser pai de novo, mas com outro olhar. Por isso eu sou grato.

Às vezes, quando de noite a luz já tinha apagado e minha filha finalmente dormia, eu ainda ficava acordado por muito tempo. Não porque precisava, mas porque eu queria ver ela dormindo. Uma música baixa ao fundo, pensamentos na cabeça, e lá vinha de novo o plano do dia seguinte. Nessas horas existia um sentimento claro: isso aqui é bom. Isso aqui é certo.

Claro que também existia sobrecarga. Dias em que tudo era demais. Dias em que nada saía como deveria. Mas bastava olhar para a minha filha e eu lembrava o motivo. Amor é mais forte do que cansaço.

Uma frase ficou comigo: "O ser humano é o maior animal de hábitos." Em algum momento eu entendi isso. O estresse virou cotidiano. O cotidiano virou rotina. E com a rotina veio a calma.

Dez anos como pai solteiro. Dez anos cheios de amor, trabalho, risos, aprendizado, preocupações e orgulho. Dez anos que marcaram.

Hoje eu sei: não foi fácil. Mas foi uma das fases mais valiosas da minha vida. E a lembrança disso é boa. E como tudo na vida, essa fase também passou.

Quando em 2020 eu conheci minha esposa de hoje, Silvina, muita coisa ficou mais leve. Até meu filho sair de casa em 2025, ela ajudou muito. Para ele, ela foi como uma mãe. Não porque tinha que ser, mas porque queria. Ela deu calor, apoio e um sentimento de lar. E para mim ela trouxe paz, suporte e a sensação de não precisar carregar tudo sozinho.

Essa fase eu nunca vou esquecer. Porque mesmo que tudo na vida seja temporário, algumas pessoas e alguns momentos ficam no coração.

Tudo é temporário.

A morte Parte II

Muito tempo depois da morte da minha mãe, meu pai também morreu. Ele perdeu a luta contra o câncer.

Desta vez eu já era adulto. Eu tinha minha própria família, minhas próprias preocupações, responsabilidade, uma vida própria. E mesmo assim, quando a notícia chegou, parecia que o tempo ficou parado por um instante.

O choque foi parecido com o de antes. A tristeza era conhecida. E, ao mesmo tempo, era diferente. Porque agora eu sabia: morrer faz parte da vida. Todo mundo um dia vai embora, por mais que a gente queira o contrário.

No capítulo sobre a minha mãe eu descrevi como é difícil para uma criança entender a morte. Naquela época, eu não tinha esse entendimento de que a dor muda e não fica igual para sempre. Como adulto, eu já sabia disso. Eu sabia que essa dor também ia mudar, como tudo na vida.

Meus pensamentos voltaram para o meu pai. Para os anos em que ele nos criou sozinho: quatro filhos, trabalho em turnos, quase nenhum tempo livre, pouco sono, e mesmo assim ele estava lá. Firme. Confiável. Forte.

A gente nunca falava muito sobre sentimentos. Nem ele, nem nós. E mesmo assim a gente sabia o quanto ele nos amava. Ele era uma rocha na nossa vida. O jeito dele agir, a coragem de deixar a Espanha para nos dar um futuro melhor, isso me marcou em muita coisa. Principalmente em ser corajoso.

Quando ele morreu, não existia só tristeza. Existia também gratidão. Gratidão por ter tido ele. Gratidão por ele não precisar mais sofrer daquele jeito. Os últimos dias ele passou no hospital, sem chance de sair de lá de novo.

Gratidão pela força dele, pela paciência e por aquela vontade incansável. Ele fez muito. E o tempo dele, como qualquer tempo, tinha um fim.

Hoje eu penso nele muitas vezes quando aparecem decisões difíceis. Aí eu me pergunto o que ele teria feito. E de alguma forma ele está ali. Não visível, não audível, mas presente.

Essa despedida também doeu. Ela lembra que tudo o que a gente ama fica com a gente só por um tempo. Isso não deixa a perda mais fácil. Mas deixa mais compreensível.

A saudade ainda existe. E mesmo assim, com o tempo, a dor ficou mais calma. Ela abriu espaço para lembranças que ficaram mais claras, mais bonitas.

Hoje meus irmãos e eu até rimos quando falamos do nosso pai. Das histórias dele, de como, como funcionário da Deutsche Bahn, ele ganhou incontáveis lutas de boxe. Da paixão dele por motos. Do jardim dele. Só para citar algumas coisas.

A dor de perder meu pai não sumiu. Mas ela mudou. Antes ela era pesada e escura. Hoje ela tem outra cor. Ela não aperta mais como antes.

E isso me mostra de novo: tudo é temporário.

O outing

Há alguns anos, meu filho, que na época ainda tinha nascido como minha filha, se assumiu como transgênero.

A menina doce, com cabelo comprido, que sempre usava rosa, de repente cortou o cabelo bem curto e passou a usar só roupa preta. A época das tranças, do "oi, minha linda" e dos pequenos momentos de carinho acabou de uma hora para outra. Eu fiquei chocado, inseguro e, sendo bem sincero, eu não sabia como lidar com isso.

E tinha mais uma coisa: dentro da minha cabeça virou um caos. Perguntas sem fim. Medo de fazer algo errado. E aquela preocupação: será que meu filho vai sofrer, por que o mundo lá fora nem sempre é gentil?

Mas logo ficou claro para mim: o amor fica. Não importa como parece. Não importa qual nome ou qual papel ele escolhe. A partir daquele momento eu fiquei do lado da minha filha de então, do meu filho de hoje.

Nessa fase eu percebi de novo que até momentos assim, por mais fortes e decisivos que sejam, não duram para sempre. Eles também são, como tudo na vida, temporários.

Não foi uma fase fácil. Foram quatro anos até meu filho receber o laudo necessário para poder começar um tratamento com testosterona. Nesse tempo ele viveu altos e baixos, e eu fiz o meu melhor para estar ao lado dele. Às vezes foi difícil para ele. Mas também foi difícil para mim.

Eu tive que aprender a soltar. A entender de novo o que identidade realmente significa. E aceitar que amor não tem nada a ver com rótulos.

Hoje nós temos uma relação mais próxima do que nunca. A gente conversa aberto, ri muito e se respeita.

Meu filho é forte, honesto, e eu tenho um orgulho imenso dele. Ele me ensinou mais sobre coragem do que eu jamais teria encontrado em livros.

Quando eu olho para trás hoje, eu vejo que cada fase difícil, por mais dolorosa que tenha sido, no fim nos aproximou mais. Eu entendi que amor verdadeiro é aceitar o outro na sua verdade inteira. Não só quando é fácil, mas principalmente quando exige coragem.

E toda vez que eu olho para ele, eu penso: que bonito que você teve coragem de se tornar você mesmo. Porque a vida é curta demais para ser outra pessoa.

O que o futuro vai trazer nesse caminho eu não sei. Mas eu estou aqui. Ao lado dele.

Porque tudo é temporário.

O valor do instante

A gente muitas vezes corre atrás de coisas que estão lá na frente: metas, planos, expectativas. E com isso a gente não vê o que está acontecendo bem na nossa frente, o momento de agora.

Muita gente vive no futuro ou no passado. Pensa no que foi, ou no que talvez venha.

Mas a vida acontece sempre só neste agora. Neste instante curto, que mal existe e, no segundo seguinte, já virou passado. E é exatamente por isso que ele é tão valioso.

Às vezes é um momento pequeno que traz mais paz do que todos os grandes planos. Um raio de sol entrando pela janela. O som baixinho da máquina de café de manhã. O riso das crianças quando eu, como treinador de artes marciais, faço elas rirem nas minhas aulas. Nada espetacular. E mesmo assim, tudo o que conta.

E eu percebo o quanto a Silvina mudou o meu olhar. Por causa dela eu aprendi a olhar de novo com mais atenção. A admirar a lua. A observar as nuvens mudando de cor. A não deixar um pôr do sol simplesmente passar. Até o jardim me mostra isso: dependendo da estação, ele parece diferente. As plantas mudam. Tudo vive. Tudo se transforma. E de repente esse instante vira algo que eu aproveito de forma mais consciente.

Eu acredito que o valor de um momento está no fato de ele nunca voltar. Mesmo que amanhã o sol brilhe de novo, ele vai brilhar diferente de hoje. A gente percebe isso sempre que eu e minha esposa passamos um tempo de propósito no jardim pela manhã. A gente vai estar mais velho. Talvez mais feliz. Talvez mais pensativo. Mas nunca mais exatamente os mesmos.

Muita gente corre atrás da grande felicidade e não percebe que ela mora nos instantes pequenos. Felicidade raramente faz barulho. Muitas vezes ela se esconde no silêncio, no respiro, numa pausa curta, na consciência de que este instante é um presente. Às vezes é tão simples como olhar para os olhos castanho café da minha esposa e, de repente, está tudo ali, sem precisar de mais nada.

Quando você percebe isso, você para de esperar pelo "um dia". Você começa a viver o agora. E aí a vida fica mais simples. Você precisa de menos para se sentir completo.

Um instante de consciência pode mudar mais do que um ano inteiro de correria. Porque quem reconhece o momento entende a vida.

O valor do instante está no fato de ele ser temporário.

A busca pelo leque

Minha esposa vive perdendo coisas. Isqueiro, celular, óculos de leitura, chave de casa. Tudo o que a gente precisa no dia a dia o tempo todo.

Aí começa. Ela anda pela casa nervosa, abre gavetas, olha em bolsas e às vezes até na geladeira. E na maioria das vezes eu já entro junto para ajudar a procurar.

Como esse "espetáculo" se repetiu incontáveis vezes nos últimos anos e, no fim, tudo sempre aparece de novo, hoje eu só digo rindo: "Amor, foi só temporariamente perdido. Vai aparecer de novo, como sempre."

Uma cena típica: depois que este capítulo sobre coisas temporariamente perdidas nasceu, minha esposa leu como amostra. Nós dois rimos, porque é impressionante como a frase "tudo é temporário" funciona no nosso dia a dia.

Naquela mesma noite a gente foi jantar no restaurante do hotel. A gente estava de férias em Alicante. A comida estava excelente, a atmosfera bem tranquila. Depois a gente queria dar uma caminhada.

Pouco antes de sair, ela disse: "Por favor, traz meu leque, amor. Ainda está 28 graus e o ar está abafado."

A pergunta veio automática: "Onde ele está?"

E a resposta foi: "Na cama, em cima da cômoda, na minha bolsa ou numa das bolsas de praia que a gente usou hoje."

Na minha cabeça só acendeu uma frase: ih. Lá vem.

Então subimos para o quarto e começamos a procurar. Cama, armário, bolsas. Reviramos tudo. Nada de leque. Depois de dez minutos eu mandei uma mensagem no WhatsApp: "O leque foi temporariamente perdido."

Quando a gente desceu, nós dois rimos.

E na manhã seguinte, inacreditável, o leque estava lá, bem tranquilo, em cima do criado mudo. Como se nunca tivesse sumido.

Às vezes a vida é assim mesmo. As coisas desaparecem. As pessoas ficam nervosas. A gente procura como louco. E no fim tudo aparece de novo.

E essa é a lição dessa historinha: até aquilo que a gente acha que perdeu, na maioria das vezes só está fora do lugar por um tempo.

Eu confesso que no passado eu não era muito melhor. A diferença é só uma: quando eu grito "Amor, você sabe onde está meu...?" depois de eu ter procurado desesperado uma ferramenta ou qualquer coisa, na maioria das vezes ela só dá um sorriso e coloca na minha mão.

Até agora, tudo que a gente perdeu foi só temporariamente.

Na praia

A gente estava sentado na praia de La Vila Joiosa, na Costa Blanca, na Espanha. O sol queimava quente na pele, o mar fazia aquele barulho constante. Um momento perfeito para continuar escrevendo no livro "Tudo é temporário".

Eu estava digitando algumas linhas quando minha esposa perguntou: "Amor, você está trabalhando no seu livro?"

"Sim", foi a resposta curta.

Ela riu e disse: "Então você também devia fazer o que você escreve. Aproveitar o momento. Porque ele é temporário." A gente riu junto. Eu coloquei o laptop de lado, a gente se levantou e pulou no mar, juntos.

A água estava fria, o instante estava leve, cheio de alegria. E de repente ficou claro, exatamente aquilo sobre o que eu escrevo: a vida. O momento. O agora.

Às vezes não precisa de grandes palavras. Às vezes basta uma pequena lembrança de que o aqui e agora é tudo o que a gente realmente tem. Este instante, o riso, o sol, a água, tudo isso é único e nunca volta exatamente igual.

E esse é o núcleo deste livro: escrever sobre a vida é bonito. Mas viver a vida é mais importante. Porque a vida é como o mar. Ela se mexe. Ela muda. Ela nunca fica parada. E cada mergulho, cada respiração, cada onda é uma prova:

Tudo é temporário.

Trânsito irrita?

Desde a minha juventude, andar de moto faz parte da minha vida. Mas só quando o tempo está bom. Entre os motociclistas, eu sou meio "fresco" por causa disso, porque eu só ando quando o sol ajuda. Quem pilota conhece essa sensação: liberdade, velocidade, o vento na pele e, ao mesmo tempo, aquela atenção constante que a gente precisa ter.

Mas teve épocas em que vinha muita raiva junto, principalmente dos motoristas. "Ele não está me vendo?" ou "Ele não vai sair agora, né!" Foram frases que mais de uma vez eu gritei dentro do capacete.

Naquela época era difícil entender como alguns podem dirigir com tanta falta de cuidado. Eu fazia a minha parte: ser visível, pilotar defensivo, fazer tudo certo. E mesmo assim aconteciam aquelas situações em que, como motociclista, você quase é ignorado. Aí começava: irritação, gestos, xingamentos. E às vezes a sensação ficava grudada por dia.

Só mais tarde, quando eu mesmo passei a andar mais de carro, veio uma coisa decisiva: os mesmos erros também aconteciam comigo. Não por maldade. Simplesmente porque dentro do carro a gente realmente deixa passar algumas coisas.

Uma moto é menor, mais ágil, e muitas vezes mais rápida do que o olho espera. E de repente eu era exatamente o tipo de motorista com quem eu antes ficava bravo. Aquilo foi um ponto de virada. Porque ficou claro: raiva não muda nada. Ela só come energia, que dá para usar melhor em outra coisa.

Com o tempo veio mais calma, e isso fez bem.

Hoje eu digo para meus filhos, que também andam de moto: "De moto você tem que olhar por dois: por você e pelo motorista do carro. Pilote como se você fosse ser ignorado." Essa frase acompanha a gente até hoje.

Claro que ainda existem momentos que irritam: gente que cola, buzina, corta, ou fica no telefone enquanto dirige. Mas ficar calmo ajuda mais. Por que o que mudaria se você se irritasse? O outro muitas vezes nem percebe. E no fim, só faz mal para você.

Antes eu teria gesticulado, talvez até provocado. Hoje basta um respiro fundo e o pensamento: isso também é só um momento.

E essa é a verdade. Um instante curto. Um pedacinho minúsculo, comparado com todas as horas, dias e anos que a vida tem. Então por que desperdiçar energia se daqui a pouco já passou?

Calma é uma forma de força. Ficar tranquilo quando os outros ficam altos. Sorrir onde os outros xingam. Quem consegue isso, entendeu o que realmente importa.

A raiva no trânsito passa, como tudo. E quanto mais a gente lembra disso, menos as coisas incomodam.

Porque até no trânsito vale: tudo é temporário.

A mudança

Mudança é, na minha opinião, a única coisa na vida que realmente é constante.

Tudo ao nosso redor muda: pessoas, lugares, sentimentos, pensamentos. Até aquilo que parece firme e intocável não fica do jeito que era. E mesmo que todo mundo saiba disso de algum jeito, muita gente tem medo. Aí a pessoa se agarra em hábitos, em relações, em coisas, em rotinas que dão segurança. Mas a vida não é uma foto parada. Ela flui.

Com os anos eu entendi: mudança não é algo para temer. Ela é como uma onda. Quem tenta segurar uma onda, é atropelado. Quem aprende a nadar com ela, é levado.

Às vezes a mudança chega quieta: como um pensamento, uma decisão pequena, um encontro que desloca alguma coisa dentro da gente. E às vezes ela vem com força total: por perda, separação, doença ou pela morte de alguém que a gente ama. Não importa como ela aparece, uma coisa quase sempre acontece: ela obriga a gente a olhar. E aí está a força dela.

Houve muitos momentos em que eu pensei: por que agora? O sentido quase sempre só apareceu depois. E muita coisa que parecia um golpe, na verdade era um recomeço. Algo velho precisava terminar para algo novo poder nascer.

Mudança nem sempre é agradável, mas ela é necessária. Sem mudança não existe crescimento. A gente ficaria parado. Por conforto ou por medo. Mas a vida quer movimento. Ela quer desenvolvimento.

Talvez o segredo seja não lutar contra a mudança, mas entender. Ela não é inimiga. Ela é professora. E como todo professor, ela mostra coisas que a gente nem sempre quer ver. Quando isso entra na cabeça, a mudança perde o susto. Ela vira o que ela realmente é: uma parte natural da vida.

Hoje eu encaro viradas com mais calma. Elas vêm de qualquer jeito, você estando pronto ou não. E é igualmente claro: cada fase, cada virada, cada movimento é passageiro.

Nada fica igual para sempre, e isso é bom. Porque vida é mudança. E mudança é:

Tudo é temporário.

Saúde – o bem mais precioso

Saúde. ¿O que pode ser mais importante?

Quando a gente olha para trás, fica rápido claro o que se perde quando o corpo não acompanha mais: dores, menos mobilidade, dependência de outras pessoas, medo e às vezes até preocupações financeiras. Por isso este tema merece um capítulo só dele. Porque trabalho, bens ou reconhecimento ficam pequenos quando a saúde falta.

1. Por que a saúde é tão frágil

No dia a dia, muita coisa vai se acumulando: pouca atividade física, sono ruim, alimentação ruim, estresse constante. E ainda tem ambiente, genética e às vezes simplesmente azar.

E muitas vezes a gente percebe tarde. Muitos problemas começam em silêncio e crescem por anos. Até o corpo dizer: agora chega.

2. O que pesa para muita gente na Alemanha

Quando a gente olha estatísticas, aparecem sempre temas parecidos. Por exemplo dor nas costas, pressão alta e alterações no metabolismo de gorduras, como colesterol elevado.

O problema é que muita coisa disso não dói de verdade no começo. Ou a gente se acostuma. E assim passa batido.

Saúde não é uma coisa que você "tem" e pronto. Ela é mais como uma conta no banco. Você pode depositar. Ou pode ficar sacando todo dia, até uma hora não ter mais nada.

3. Fumar e por que isso não é brincadeira

Fumar está entre os maiores riscos para a saúde. Na fumaça existem muitas substâncias tóxicas e cancerígenas. Por exemplo benzeno, formaldeído, monóxido de carbono e amônia. Também aparecem em listas substâncias como arsênio ou cádmio.

Isso não são "coisinhas inofensivas". Essas substâncias atacam as vias respiratórias, o sistema cardiovascular e as células, e aumentam, entre outras coisas, o risco de câncer.

4. Minha percepção pessoal

Na minha escola de artes marciais eu vi uma coisa muitas vezes: quem pensa "vai dar certo", muitas vezes percebe tarde demais que o corpo sofre calado por muito tempo antes de gritar.

Comigo foi assim: com 15 eu comecei a fumar. No grupo de amigos isso era "legal" naquela época. Eu não fazia ideia do que eu estava fazendo comigo mesmo.

Com 22 anos alguém me fez uma pergunta simples:

"Por que você fuma?"

Não existia resposta inteligente.

Então eu peguei o maço, joguei junto com os cigarros que sobraram no lixo e nunca mais fumei.

E sim: foi uma decisão pequena com um efeito enorme. Até hoje ela me lembra que até hábitos ruins são temporários, quando a gente decide parar.

Como esse tema é importante para mim, eu também quero recomendar um livro que realmente mexeu com a gente: "Mein Geschenk für deine genussvolle Raucherentwöhnung" de Peter Kruse.

Ele não é escrito de forma seca. Ele é mais motivador e fácil de entender. Minha esposa Silvina conseguiu parar de fumar com ele.

5. O que você pode fazer hoje, sem pressão, sem perfeição

Apenas olhar com honestidade:

Como está a sua movimentação, a sua atividade física

Como está o seu sono

Com que frequência o estresse virou "normal"

Se você fuma ou fumou: o que isso pode tirar de você a longo prazo

E o mais importante: seja grato pelo seu corpo. Trate ele bem. Saúde não é algo óbvio. É um grande presente.

E como tudo na vida: temporário.

((Meu) sentido da vida

Qual é o sentido da vida, se todos nós ficamos por tão pouco tempo neste planeta tão bonito? Muita gente passa a vida inteira procurando uma resposta.

Com o tempo, ficou claro para mim: o sentido não está em algum lugar lá fora. Ele nasce onde a gente faz o bem.

Para mim isso significa dar uma pequena contribuição. Ajudar pessoas a ficarem mais fortes, não só por fora, mas também por dentro. Como treinador eu vejo isso todos os dias. Quando alguém sai do treino um pouco mais ereto. Quando o olhar fica mais claro. Quando os ombros se levantam, porque a autoconfiança cresceu. Aí vem aquela sensação: isso está certo. Isso tem sentido.

Artes marciais, para mim, é mais do que técnica, disciplina e movimento. É uma escola de vida. Ela ensina coragem, respeito, paciência e atenção, com os outros e com a gente mesmo. A gente aprende a cair e levantar. Aprende a se impor sem virar arrogante. E entende que força de verdade não está em brigar, mas em compreender.

Então, quando alguém pergunta qual é o sentido da minha vida, a resposta é simples: ajudar pessoas a descobrirem sua autoconfiança. Mostrar que existe mais dentro delas do que elas acreditam. E se no final alguém anda pela vida só um pouco mais reto, com um olhar mais calmo e mais paz por dentro, então a minha parte está cumprida.

Mas sentido não é só estar presente para os outros. Sentido também é usar o instante, aproveitar, viver. Porque em algum momento ficou realmente claro: tudo é temporário.

Por isso existe menos tempo para preocupações com coisas que talvez nunca aconteçam. E menos energia para coisas que não dá para mudar. Não porque não importe, mas porque faz mal. E porque não ajuda nem a mim, nem a ninguém.

O tempo deve ir para onde ele tem significado: para a família, para amigos, para pessoas que são importantes. Porque tempo com elas é precioso.

E tem mais uma coisa pela qual eu sou grato: com o meu hobby eu consigo ganhar a vida. O suficiente para ter uma casa, um carro, férias e uma vida boa. Nunca foi sobre riqueza, porque ninguém leva nada disso. A gente vai embora como chegou: com os bolsos vazios.

Então para quê desperdiçar tempo de vida só para juntar dinheiro e coisas sem necessidade? Para mim conta mais o que é vivido, o que é dado, e com quem essa vida é compartilhada.

Talvez esse seja o sentido. Não querer mudar o mundo inteiro, mas agir no pequeno, com coração, com humildade, com consciência.

Porque o que a gente dá fica por um momento.

E esse momento conta. E ele também é temporário.

Despedida

"Querida comunidade enlutada, hoje estamos aqui reunidos para nos despedirmos do nosso amigo …

Entre nós estão a família dele, a esposa … e a filha … além disso, ex colegas de trabalho da área da medicina, amigos e os membros do seu grupo de Wing Chun.

Eu falo agora por esse grupo de Wing Chun.

Em 2001 você, querido …, começou a treinar Wing Chun conosco. Desde então se passaram cerca de 25 anos. Anos em que você não só amou essa arte, mas viveu ela.

Nas Filipinas, você montou até um espaço de treino só para você, com manequim, equipamento e todos os seus certificados.

Você tinha me pedido para construir um Wing Chun manequim para você. Você queria colocar esse manequim no apartamento de vocês em Berlim, a segunda residência.

Eu aceitei fazer. Mas sempre "aparecia alguma coisa": aqui uma reforma, ali uma preparação para prova. E eu pensava: "Ainda tenho tempo para construir esse manequim."

No fim, o tempo não foi suficiente.

Eu coloquei prioridades erradas e não realizei o seu desejo.

Eu perdi essa chance. E é exatamente aí que a gente vê como tudo na vida é temporário.

Eu me arrependo disso profundamente.

Você me acompanhou, e nos acompanhou, em seminários pela Europa. Na França, em Portugal, na Inglaterra e em muitos outros lugares.

A sua empolgação sempre foi grande, e durante todos esses anos você nunca interrompeu o treino.

E você também conseguiu entusiasmar sua filha … pelo Wing Chun. Ela não só pegou a sua paixão, como mostrou um talento fora do comum.

Treinar com ela sempre foi algo especial para mim. Seria uma grande honra continuar a formação dela e aprofundar o Wing Chun no caminho que você começou com ela.

Só a sua querida esposa … você nunca conseguiu convencer. Mesmo que a gente tenha falado disso muitas vezes juntos, sempre com um sorriso.

… não foi só meu aluno e parceiro de treino. Ele também foi meu dentista.

Eu lembro de um tratamento de canal com ele, na clínica dele.

Quando ele percebeu que estava doendo, ele perguntou: "¿Está doendo, Mario?" E eu respondi sorrindo: "Sim, está doendo. Mas não se preocupe, você recebe isso de volta no próximo treino."

Essa lembrança mostra o lado bem-humorado da nossa amizade. Um lado que fazia bem para todos nós.

Nós, seres humanos, muitas vezes achamos que temos todo o tempo do mundo. Mas não é assim. Tudo é temporário.

Durante os nossos 25 anos de convivência, eu nunca pensei que um dia poderia acabar.

Ainda em julho de 2025, nós nos encontramos no parque municipal em Duisburg Rheinhausen para treinar juntos, cheios de esperança de nos vermos com mais frequência no futuro.

Agora aconteceu diferente.

O que fica para nós são as lembranças e a lição: "Tudo é temporário." A gente nunca sabe quando vai ser "a última vez".

Por isso, nós que ainda podemos ficar mais um pouco neste pequeno planeta devemos ser gratos.

Gratos pelo tempo que nos foi dado. Vamos viver esse tempo da forma mais plena e feliz possível.

... e eu te concedo, em reconhecimento do seu trabalho como instrutor e como parte do nosso Wing Chun Pai, da nossa família Wing Chun, o certificado e a faixa de faixa preta da Close Range Combat Academy.

... o seu caminho no Wing Chun continua em nós. Em cada treino. Em cada técnica. Em cada lembrança.

A sua paixão vive em nós. E ela nunca vai acabar.

Nós te amamos."

Essa foi a minha fala de despedida...

"Tudo é temporário" muitas vezes me deixa triste. Despedidas fazem parte da vida, mesmo que a gente quisesse evitar. Às vezes elas chegam devagar. Às vezes chegam com força total. Mas elas sempre chegam. Seja a perda de alguém, a partida de um amigo, o fim de um amor ou simplesmente deixar um lugar conhecido, toda despedida deixa marcas.

Eu vivi muitas despedidas na minha vida. Algumas foram definitivas. Outras foram só passageiras. Mas não importa como elas vieram, elas sempre me mudaram. No começo quase sempre existe dor. Aquele sentimento de vazio e perda. E a gente acredita que esse vazio nunca vai embora.

Mas vai. Devagar. Passo a passo. Eu aprendi que soltar não significa esquecer. Significa aceitar que algo terminou. E exatamente aí existe paz.

Muitas vezes a gente tem medo de despedidas porque acredita que depois vai ser pior. Mas a vida me mostrou o contrário. Todo fim também carrega um começo dentro dele. A gente só não vê na hora, porque o olhar ainda está preso no que passou.

Eu lembro de muitos momentos em que eu pensei: "Acabou. Agora tudo é diferente." E sim, era diferente. Mas diferente nem sempre é ruim. Diferente é apenas novo. E o novo é o que faz a gente crescer.

Às vezes a gente precisa deixar pessoas irem embora, não porque a gente não ama mais, mas porque o tempo delas na nossa vida acabou. Entender isso não foi fácil. Mas quando a gente entende, a despedida perde uma parte do seu medo.

Hoje eu vejo despedida de outro jeito. Eu sei que tudo o que foi realmente importante mantém um lugar dentro de mim: em lembranças, em pensamentos, no que eu aprendi com aquilo. Eu sei também que um dia eu mesmo vou ser parte de uma despedida, e isso está tudo bem.

Porque despedida não é só fim. É mudança. É uma passagem. Uma lembrança silenciosa de que tudo o que a gente ama é emprestado. E quando a gente aceita isso, a dor fica mais baixa e a gratidão fica mais alta.

Porque até a despedida mais profunda não é para sempre. Ela só muda o tom. Como tudo na vida.

Tudo é temporário."

O "muro"

Enquanto eu escrevia este livro, eu pensava muitas vezes em como a capa poderia ser. Mas nenhuma ideia parecia certa. Então eu pedi ajuda ao meu filho mais novo, que estava começando o curso de artes. E como "tudo é temporário", ele sugeriu usar um muro como base. Um muro que vai se desfazendo aos poucos. Eu gostei na hora, porque essa ideia combinava perfeitamente com o sentido do meu livro.

Quando eu vi os primeiros rascunhos, eu tive que pensar automaticamente no Muro de Berlim. E assim nasceu a ideia para este capítulo.

Quando o Muro de Berlim caiu, em 1989, para mim aquilo parecia longe. Quase como se fosse um acontecimento de outro país. E olha que até a fronteira dos novos estados federais, como se diz hoje, eram só uns 300 quilômetros. Mas eu era jovem e política não me interessava. Era o que era, e eu achava que a gente não podia mudar nada mesmo.

Para esclarecer: "Wessi" e "Ossi" são apelidos alemães. "Wessi" se refere a alguém da Alemanha Ocidental e "Ossi" a alguém da Alemanha Oriental. Quando se mistura os dois termos, surge "Wossi" — uma forma informal de dizer que alguém tem ligação com os dois lados. Mas aí veio 1989. No noticiário a gente via como as pessoas em Leipzig, Dresden e Berlim iam para as ruas. Elas gritavam "Wir sind das Volk" - "Nós somos o povo." e pediam liberdade. Eu não entendia direito o que estava acontecendo, mas eu sentia que algo estava mudando. E então, no dia 9 de novembro, o muro caiu. Eu estava, como muitos outros, na frente da TV e quase não acreditava. Gente, dançando, chorando, se abraçando. De repente, um povo inteiro estava livre.

Em 1991 eu fui pela primeira vez ao leste da Alemanha. Foi um choque e, ao mesmo tempo, uma experiência linda. As ruas, as casas e as lojas pareciam antigas. Muita coisa estava quebrada. Mas as pessoas eram calorosas, simpáticas e prestativas. Dava para sentir uma união que eu não conhecia daquele jeito. Um ajudava o outro.

Os aluguéis estavam entre 20 e 60 marcos. Os salários entre 300 e 500 marcos. Para mim isso era inacreditável. Parecia outro mundo.

Eu lembro de filas longas na frente do Konsum, o mercado. Bem cedo, as pessoas já estavam lá fora quando diziam: "Amanhã vai ter banana." E mesmo assim elas transmitiam uma satisfação e uma calma que me impressionaram profundamente.

Com os anos, nasceram amizades. Em Mecklenburg Vorpommern, em Brandenburg, onde eu conheci minha segunda esposa, e em Thüringen, onde meu melhor amigo vive com a família.

Quando eu vou hoje para Bad Salzungen, eu penso muitas vezes: uau. Tudo está bem cuidado, moderno e bonito. Ruas, lojas, casas. Tudo parece novo e limpo. Quando eu dirijo por NRW, infelizmente eu não posso dizer o mesmo. O Leste alcançou, e talvez em muita coisa até passou.

Minha segunda esposa, que nasceu em Brandenburg, cresceu no meio do sistema de lá. Com ela eu tive um olhar mais de perto sobre a vida na antiga DDR. Ela me dizia: "Todo mundo tinha trabalho. A gente estava na FDJ, a Juventude Livre Alemã. A gente se ajudava." Soava como comunidade, como união. Mas por baixo existiam medo e controle.

Em voz baixa, falava se da Stasi, a polícia secreta. Uma organização que vigiava tudo e todos. "Quem falava mal do sistema ou dizia que não podia viajar, podia ter problemas", ela me explicou.

Muitos só diziam: "É assim mesmo. A gente não pode mudar." Mas podia mudar. Entre 1961 e 1989 parecia que tudo estava fixo. E mesmo assim era só por um tempo. Tudo era temporário.

E o tema dos carros também era especial. Quem queria comprar um Trabant, carinhosamente chamado de "Trabbi", precisava esperar até 18 anos. Peças quase não existiam. As pessoas tinham que ser criativas: inventavam, consertavam, buscavam soluções. Aprendiam a se virar. Essa criatividade e essa vontade de fazer o melhor com pouco eram impressionantes.

Quando eu penso em tudo isso hoje, eu vejo uma época cheia de contrastes: escassez e união, controle e coragem, perda e recomeço. A queda do muro mostrou que até sistemas que parecem eternos podem acabar. Muros caem. Fronteiras desaparecem. Tudo muda.

Liberdade não significa só não ter muros ao redor. Significa também não ter muros no pensamento. Todos nós carregamos às vezes limites dentro de nós: crenças antigas, medos, hábitos. Mas quando a gente está disposto a soltar, a gente percebe que mudança sempre é possível. Nada fica para sempre. Tudo se transforma.

Tudo é temporário.

Prego e machado

No começo dos anos 70. Meu irmão mais novo e eu tínhamos talvez 6 e 7 anos. A gente adorava brincar descalço no pátio. Quem lê o título deste capítulo já imagina: nem sempre isso era uma boa ideia.

Do lado da nossa casa, naquela época, estavam construindo um prédio. Para nós aquilo não era uma obra. Era um parque de aventuras. Quando os trabalhadores não estavam lá no fim de semana, a gente atravessava para o terreno ao lado. Tinha pedra, tábuas, ripas, pregos, manchas de piche e, principalmente, muita lama.

A gente fazia o nosso próprio "cimento" com barro e água. A gente chamava simplesmente de lama. Com isso a gente colava pedras, construía torrezinhas, levantava murinhos pequenos. Nunca duravam muito, mas era divertido demais criar algo com as próprias mãos. E, sem querer, isso ainda estimulava a criatividade, mesmo que na época nenhum pedagogo estivesse do lado para chamar de criatividade.

Andar descalço numa obra de outra pessoa às vezes termina mal. No começo eu nem senti nada. Mas meu irmão olhou para mim estranho e disse: "Mario, você está carregando um pedaço de madeira."

Eu olhei para baixo. No meu pé estava preso um pedaço de madeira de uns cinquenta centímetros. Hoje eu sei que provavelmente era uma ripa de telhado. Porque aquilo estava preso em mim, eu não fazia ideia. Nem passou pela minha cabeça que um prego comprido tinha atravessado a madeira e estava enfiado fundo no meu calcanhar. Então, quando eu andava, eu arrastava a madeira atrás de mim.

Primeiro a gente riu. Parecia mesmo engraçado, como se eu estivesse usando um sapato gigante. Eu acho que eu até pensei que a madeira estava grudada por causa da lama ou do piche preto que tinha por todo lado.

Para me soltar, eu pisei com o pé bom em cima da ripa e tentei levantar o outro. Não deu. Meu irmão falou: "Levanta o pé, deixa eu ver."

Eu levantei o pé. Ele olhou bem calmo e disse, como se fosse a coisa mais normal do mundo: "Você tem um prego no pé."

Naquele momento eu vi o prego. E só aí começou o grito. O engraçado é: até ali não tinha dor nenhuma. A dor veio depois, quando eu voltei mancando para casa.

Meu pai era um homem forte e saudável. As coisas eram resolvidas do jeito que ele tinha aprendido. Sem médico, sem ambulância, sem drama. Ele olhou o meu pé e falou só: "Deita-se na mesa da cozinha. De barriga para cima. Pé para cima."

Era assim naquela época.

Ele saiu por um instante e voltou com duas garrafas. Em uma tinha vinagre. A outra era uma garrafa de vidro vazia. Eu não fazia ideia do que isso tinha a ver com o meu pé, mas eu ia descobrir.

Ele virou o meu pé de um jeito que a sola ficasse bem visível e despejou vinagre na ferida. Naquele momento a dor fez o que tinha "esquecido" antes. Ardeu como fogo.

Aí veio a garrafa vazia. Com a mão esquerda ele segurou meu tornozelo firme. Com a direita, ele bateu várias vezes com a borda do fundo da garrafa no meu calcanhar.

O único pensamento: isso é a punição pela minha besteira. Eu chorei como louco. E ele só disse: "Não chora. As batidas são só para tirar a sujeira da ferida. Você pisou num prego enferrujado."

Não tirou a dor, mas acalmou. Se o pai diz que tem que ser assim, então deve ser assim.

No fim ele colocou um curativo, ou algo parecido. E depois eu voltei para fora para brincar. Sem médico. Sem hospital. Sem carteira de vacinação na mão. Médico a gente quase não via, talvez só para algumas vacinas. Era normal.

E agora vem a história do machado. Não se preocupe, não vai ser tão grave. Pelo menos não para mim. Dessa vez foi com o meu irmão.

Com seus seis anos, ele amava destruir coisas. Esmagar, quebrar, bater. Meu pai trabalhava muito com martelo, machado, pé de cabra e serra. Para o meu irmão, isso era o paraíso.

Muitas vezes ele podia escolher com o que queria "trabalhar". Aí ele sentava descalço com a bundinha gorducha no chão e batia feliz em qualquer coisa. Hoje talvez chamariam isso de "liberar agressividade". Naquela época era simples: criança, ferramenta e alguma coisa para bater. E pronto, paz no pátio.

No nosso pátio meus pais tinham um cercado com coelhos, patos e galinhas. Em cima tinha uma espécie de sótão aberto. Um dia meu irmão subiu lá com o machado. O plano: quebrar pedrinhas.

Ele sentou, segurou o machado, levantou acima da cabeça e tentou acertar a pedra com a parte afiada. Claro que errou várias vezes. De longe.

Em algum momento ele mudou a estratégia. O que se passava na cabeça dele eu não sei. Provavelmente algo como: com o lado fino eu não acerto. Então vou com o lado largo. Já era "focado em solução" naquela época.

Só um detalhe foi esquecido: quando você segura o machado ao contrário, na hora de levantar agora a parte afiada fica em cima da sua própria cabeça.

E ele continuou batendo.

Lá embaixo, no pátio, a gente não via nada. Mas dava para ouvir ele rindo. Riso de criança, feliz. Para ele, a estratégia nova estava funcionando.

A pedrinha era dura demais. Uma criança de seis anos não quebra uma pedra com um machado. Mas ele tinha uma missão, e isso bastava.

Provavelmente veio o próximo pensamento: eu acerto, mas não forte o suficiente. Então mais força. Movimento mais rápido. Braços cansados. Ferramenta pesada. E em algum momento aconteceu.

O machado escapou da mão dele. Ou ele mesmo bateu na própria cabeça. A verdade exata a gente nunca vai saber.

Lá embaixo ficou silêncio. Nada de pancada. Nada de riso. Silêncio. Aquilo me pareceu estranho. "Me pareceu espanhol", como a gente diz. E combina, porque nós somos espanhóis.

Eu o chamei. Nada. Ainda sem estar realmente preocupado, mais curioso, eu subi a escada de madeira como uma criança pequena.

E lá estava ele. Sangue nas mãos, no rosto, na testa. E o que ele fazia? Brincava com aquilo. Mexia, espalhava, como se fosse só mais um tipo de lama.

Eu fiquei assustado. Ele não. Talvez fosse o choque. Talvez fosse a inocência. Quando eu falei com ele, ele sorriu para mim. Hoje, sinceramente, isso me deixaria preocupado. Uma criança toda suja de sangue e sorrindo. Mas para ele era só escorregadio.

O sangue saía devagar de um corte na testa. Não jorrava, mas não parava. E o que eu gritei, como se fosse a coisa mais normal do mundo? "Pai, a gente precisa de vinagre e da garrafa vazia."

Meu irmão tinha visto ao vivo a história do prego no pé. Quando ele ouviu isso, ele começou a gritar na hora. Provavelmente passou um filme de terror na cabeça dele: vinagre na ferida e depois o pai com a garrafa batendo na cabeça para "tirar a sujeira".

Coitado.

O resto foi rotina. Limpar. Vinagre "é bom". Curativo. E de volta para brincar.

Talvez você já esteja se perguntando o que essas histórias malucas de infância têm a ver com o tema deste livro. Muita coisa.

Naquela época era normal não ir ao médico por causa de um prego enferrujado no pé ou um corte na cabeça. Nada de ambulância. Nada de telefone. Nem sequer um telefone fixo com fio. Muito menos celular.

O "tratamento" era vinagre, uma garrafa, um curativo e a frase: "Vai brincar de novo."

Hoje, a maioria dos pais provavelmente chamaria uma ambulância ou pelo menos iria direto para a emergência. Tétano, infecção, cicatriz, raio X, e talvez até o "serviço social" na cabeça.

As duas formas são jeitos de ver as coisas. As duas tiveram seu tempo. E esse é o ponto. Até a forma como a gente lida com doença, acidentes e crianças é temporária. Ela muda o tempo todo. Ainda bem.

Antes, muita coisa era mais dura, mas também mais simples. Hoje, muita coisa é mais segura, mas muitas vezes também mais medrosa. A medicina mudou e melhorou radicalmente. E tomara que continue assim.

O que ontem era normal hoje às vezes parece brutal ou irresponsável. E o que hoje é visto como o único caminho certo, talvez daqui a algumas décadas pareça igualmente antigo.

E ele vale para estilos de educação, para medos, para a confiança em tecnologia e sistemas, e para a forma como a gente lida com dor. Tudo está em movimento.

Quando eu penso hoje no prego no calcanhar e na história do machado, eu dou risada. Não porque foi inofensivo, mas porque mostra o quanto os tempos mudam.

Naquela época vinagre era o remédio para tudo. Hoje a gente pesquisa no Google para qualquer arranhão. Naquela época meu pai era a emergência. Hoje provavelmente teriam vários profissionais, aparelhos e formulários envolvidos. Os dois contam algo sobre o tempo em que a gente vive.

E é por isso que aqui também cabe esse pensamento:

Tudo é temporário. Os métodos. As ferramentas. Os medos. A segurança. E nós mesmos.

O que fica são as histórias que a gente faz disso. E às vezes algumas cicatrizes pequenas, e anos depois a gente sorri e diz: **"Lembra...?"**

Engarrafamento na A44

Engarrafamento na A44, de Kassel em direção a Dortmund. Na minha frente e atrás de mim: carros, caminhões, luzes. Tudo parado. Nada se move.

O motor está desligado. As luzes também. Pessoas saem dos carros, andam pela autoestrada, telefonam, digitam nervosas nos celulares.

Depois de um tempo vem o aviso no rádio: "A autoestrada A44 entre Erwitte e Soest está fechada por causa de um acidente."

Uns dez minutos depois passam ambulâncias, bombeiros, guinchos e o ADAC pelo canteiro central. As sirenes uivam, as luzes azuis piscam. O ar está quieto, mas dá para sentir uma tensão no ambiente.

Esse é o tipo de momento em que muita gente pensa: que droga. Eu não precisava disso agora. E sim, eu também conheço esse pensamento. Antigamente provavelmente teria sido assim: inquieto, batendo no volante, olhando o relógio, ficando irritado.

Hoje eu fico calmo. Enquanto estas linhas nascem, eu estou sentado no meio da A44 e estou tranquilo. Por quê? Porque está claro: tudo é temporário. Até este engarrafamento.

Se irritar não ajuda. A situação não muda. Nenhuma buzina, nenhum xingamento, nenhuma raiva faz os carros sumirem da minha frente. Mas tem uma coisa que sempre fica: a decisão de como lidar com isso.

Então eu uso o tempo. Este capítulo nasce exatamente aqui, no meio da autoestrada. E enquanto lá fora tudo está parado, os pensamentos continuam andando. Calma. Paciência. A diferença entre movimento e quietude.

Ao redor, muita gente parece estressada. Alguns vão e voltam andando. Outros ficam no telefone. Outros só balançam a cabeça. Para quê? A gente está no mesmo engarrafamento. Todo mundo vai chegar mais tarde. E ninguém pode mudar isso agora.

Talvez a vida às vezes seja assim. Você fica parado, mesmo querendo seguir. Parece que o tempo está sendo perdido. Mas na verdade é só uma pausa. Uma chance de respirar.

E se a gente for honesto: ficar parado no trânsito não é a pior coisa que pode acontecer. Basta olhar para a situação de quem se envolveu no acidente. Aí fica claro: esse "parar" às vezes é até sorte.

Talvez um engarrafamento desses seja até um pequeno presente. Não planejado, mas ali. Uma oportunidade de acalmar, pensar, sentir, simplesmente estar.

Da próxima vez que você pegar trânsito parado, leitor, tenta fazer diferente. Respira. Relaxa. Ouve música ou aproveita o silêncio. Faz o melhor com o tempo que você já tem de qualquer jeito. E fica feliz por não ser você o motivo daquele engarrafamento.

Um engarrafamento, por mais que demore, é só temporário.

Um grão de areia na Via Láctea

Às vezes ajuda a gente se fazer um pouco menor. Não no sentido de "eu não valho nada", mas no sentido de: eu não sou o centro do universo. E isso é bom.

A ideia deste capítulo não veio num escritório bonito. Veio bem simples, na nossa obra. Eu estava na betoneira misturando brita, cimento e água, para eu, meu irmão e nosso amigo Matthes construirmos a nossa garagem. Na minha frente tinha um monte grande de brita 0 a 32 mm. Milhares de pedrinhas. Todas diferentes, e mesmo assim, de algum jeito, todas parecidas.

Naquele momento veio o pensamento: se cada pedrinha fosse uma estrela ou um planeta, quão pequena seria a nossa Terra. E quão pequenos seríamos nós, seres humanos, em cima dela.

Então vamos fazer um experimento na cabeça.

Na nossa Via Láctea existem, pelas estimativas de hoje, mais ou menos 100 bilhões de estrelas e pelo menos a mesma quantidade de planetas. Para simplificar, vamos dizer uns 200 bilhões de corpos celestes.

Agora a gente diz: uma pedrinha representa uma estrela ou um planeta. Então seriam necessárias 200 bilhões de pedrinhas. Isso daria mais ou menos 800 milhões de quilos, ou seja, cerca de 800 mil toneladas de brita. E para transportar isso, seriam necessárias umas 32 mil cargas cheias de caminhão. Só para a nossa Via Láctea. Não para o universo inteiro. Só para uma única galáxia entre bilhões de outras.

A nossa Terra, nessa imagem, nem seria uma pedrinha própria. Seria mais como um grão de poeira na superfície de uma pedrinha.

Agora vamos olhar para nós. Um ser humano tem talvez 1,70 m de altura. De perto dá para ver braços, pernas, cabeça. Mas a partir de mais ou menos cinco ou seis quilômetros de distância, uma pessoa quase não dá para ver a olho nu. E isso só se for um lugar plano, sem morros, casas ou árvores no meio, ou seja, com visão livre. Mesmo assim, no máximo fica um pontinho, se ficar.

Cinco a seis quilômetros, e a gente some para o olho humano.

A Via Láctea tem mais ou menos 100 mil anos luz de largura. Em outras palavras, isso dá cerca de 946.000.000.000.000.000 quilômetros.

Quando você deixa esse número "assentar" um pouco, dá para perceber: é um tamanho que a nossa cabeça mal consegue entender. E é exatamente por isso que fica claro como a gente é minúsculo dentro desse todo gigantesco.

Na escala disso tudo, a gente não é mais do que um sopro. Não só você. Eu também. Todos nós.

E aí vem a pergunta: é bom ou ruim ser tão pequeno, tão "sem importância" comparado com o universo?

Para mim a resposta é clara: é bom. Por um motivo simples: isso tira um peso enorme das costas. Porque muita gente vive como se o mundo fosse acabar quando algo dá errado. Mas cada um de nós é um pontinho num planeta pequeno, num "braço" de uma galáxia, que por si só é apenas uma entre bilhões.

Isso não quer dizer que a sua vida não vale nada. Quer dizer só uma coisa: nem tudo precisa ser controlado. Perfeição não é necessária. Erros são permitidos.

Alguns exemplos:

Momentos vergonhosos. Uma frase boba, um tropeço, um erro na frente dos outros. Na nossa cabeça é o fim do mundo. Na realidade, muita gente nem percebe. E amanhã a maioria já nem lembra. Tudo é temporário.

Briga e drama. Discussão com alguém, no trânsito, na família, no trabalho. Na hora parece gigante. No grande tamanho do universo, essa briga nem é um grão de areia. Você pode soltar. Nem toda batalha precisa ser lutada.

Perfeccionismo. Muita gente carrega por dentro a frase: "Eu não posso errar." Quando a gente entende o quão pequeno é no universo, fica claro também: a sua vida não é um documento cósmico. Nenhuma estrela se importa com notas ou com sua carreira escolar. Isso dá mais liberdade para tentar e para ver o fracasso como uma parte normal da vida.

Fracasso e recomeço. Um negócio quebra, uma relação termina, um sonho estoura. Parece enorme. No tamanho da Via Láctea, é um piscar de olhos. Isso pode consolar: recomeçar é possível. Ninguém está "acabado" para sempre. Porque isso também é temporário.

Medo do julgamento dos outros. Quantas vezes a gente se segura só por medo do que os outros vão pensar. Quando fica claro que, juntos, somos só alguns grãos de poeira num monte gigante de pedrinhas, a opinião dos outros perde força. A sua vida pode ser vivida.

E aqui existe uma diferença importante: olhando para o cosmos, a gente é minúsculo. Olhando como ser humano, a gente pode ser infinitamente importante um para o outro.

Para uma criança, um olhar amoroso dos pais é mais importante do que o tamanho da Via Láctea. Para uma pessoa solitária, um único abraço pode significar mais do que todas as estrelas no céu.

O universo não pergunta como foi o seu dia. Mas você pode fazer o dia de outra pessoa ficar melhor. E aí está a nossa chance: no cosmos, a gente é pequeno. Mas no nosso pequeno pedaço do mundo, a gente pode ter um grande efeito.

Quando você aceita que não é o centro do universo, a vida fica mais leve. Menos pressão. Menos medo. Mais liberdade para fazer o que realmente importa.

E de repente combina de novo com a frase: tudo é temporário. Preocupações. Erros. Raiva. Mas também oportunidades. Tempo. Corpo.

Até o concreto da garagem que eu misturei um dia vai rachar, vai envelhecer e vai desaparecer. Nada fica como está. Nem a brita na betoneira. Nem você. Nem eu. Nem mesmo a nossa Via Láctea.

E é por isso que aqui essa fase encaixa tão bem:

Tudo é temporário.

Tudo é mesmo temporário?

Enquanto eu escrevia este livro, eu recebi uma mensagem:

"Tudo é temporário... enquanto a pessoa quiser. No fim depende sempre da própria visão e da própria atitude. Sentimentos, nisso a gente não tem controle!"

Eu precisei ler essa frase mais de uma vez. Não porque fosse difícil de entender, mas porque ela mexeu comigo. Talvez exista ali mais verdade do que eu quis ver no começo.

A mensagem era clara: nem tudo vai embora só porque a gente acredita nisso. Existem coisas que ficam, não importa o que a gente pense. Sentimentos, por exemplo. Lembranças. Saudade. E às vezes a gente realmente não tem controle sobre isso.

E sim, em parte isso é verdade.

Quando a gente perde alguém, não dá para desligar o luto com um botão. Quando existe amor, não dá para simplesmente apagar. Algumas coisas ficam dentro da gente, mesmo quando a situação já passou faz tempo. E talvez seja bom que seja assim.

Mesmo assim, a vida mostra uma coisa: sentimentos raramente ficam do mesmo jeito. Eles nem sempre desaparecem, mas mudam de forma. Dor vira compreensão. Tristeza vira lembrança. Raiva vira calma. E amor vira gratidão.

Talvez então não seja sobre "sumir". Talvez seja sobre "se transformar". Nada fica como era. Nem mesmo aquilo que está bem fundo dentro da gente.

Algumas coisas levam anos. Outras só segundos. Mas tudo se move. Tudo muda.

E agora vem a parte que é importante para mim aqui: eu não quero te dizer no que você tem que acreditar. Eu só quero te convidar a parar por um instante e se perguntar:

O que "temporário" significa para você?

O que na sua vida chegou e depois foi embora?

O que mudou, mesmo você achando que ia ficar para sempre?

E os seus sentimentos: eles ficam realmente iguais, ou eles se transformaram com o tempo?

Talvez você tenha perdido alguém e ainda sinta a tristeza hoje. Talvez exista uma lembrança que na hora acende alguma coisa dentro de você. Talvez você carregue algo que não sumiu, mas ficou mais baixo, mais leve.

E talvez você segure algo porque acha que precisa. Ou você aprendeu a soltar, porque percebeu que isso te faz bem.

O que se encaixa em você?

Porque é exatamente disso que se trata aqui: não de uma resposta perfeita, mas de um olhar honesto para dentro.

Eu entendo quando alguém diz: "Tudo é temporário, enquanto a gente quiser." Porque sim, também depende da atitude. Se você está pronto para soltar ou se você segura.

Talvez no fim seja os dois: vontade e mudança. A gente pode decidir por quanto tempo segura algo. Mas a gente não consegue impedir que aquilo mude.

E talvez esse seja o núcleo: mesmo quando a gente não solta, a vida um dia solta por nós. Ela move, transforma, renova. Devagar, mas sempre.

Talvez os dois lados tenham razão: a ideia de que algumas coisas ficam, e a verdade de que tudo muda.

No fim não é sobre quem está certo. É sobre você dar espaço para o seu próprio pensamento. E se depois deste capítulo você ficar um pouco em silêncio e se perguntar o que na sua vida foi temporário, ou ainda é, então ele já cumpriu o seu papel.

O tempo é relativo

Albert Einstein disse uma vez: "O tempo é relativo." Uma frase que era científica, mas que também funciona no dia a dia. O tempo não é sentido igual por todo mundo. Uma hora no dentista pode parecer uma eternidade. A mesma hora com uma pessoa querida passa rápido, como se fossem só cinco minutos. Às vezes o tempo se estica. Às vezes escorre pelos dedos.

Quando a gente espera, ele demora. Quando a gente vive algo bonito, ele corre. E um dia a gente para e se pergunta: para onde foram todos esses anos? Isso aparece o tempo todo na rotina. Oito horas num trabalho que não dá prazer podem parecer infinitas. Oito horas com paixão, alegria e sentido passam voando.

Esse pensamento às vezes me ajuda a ter mais paciência. Porque quando fica claro que o tempo é relativo, muita coisa perde pressão. A gente corre menos. Se irrita menos. Fica mais calmo.

Teve fases em que os dias pareciam pesados. Preocupação, luto, cansaço mental. No meio disso a gente pensa: isso nunca vai acabar. E mesmo assim, passou. Como tudo passa. Até horas difíceis são só trechos do caminho.

E tem as outras fases. As que a gente queria segurar, porque são leves, quentes, vivas. Mas elas também passam. E é exatamente isso que faz elas serem tão valiosas.

O tempo é relativo. Ele flui. Ele muda. E mostra sempre de novo: nada fica como está. Talvez aí esteja o sentido. O tempo não dá para segurar, mas dá para usar, enquanto ele ainda é nosso.

Porque o próprio tempo é temporário.

O celular

Às vezes eu me pergunto quando foi que a gente parou de ouvir de verdade. Quando foi que a gente começou a preferir olhar para uma tela, em vez de olhar nos olhos da pessoa que está bem na nossa frente.

Eu vejo isso em todo lugar. No treino, em cafés, em famílias, em grupos de amigos. Pais que, enquanto os filhos fazem esporte, ficam olhando para o celular. Jovens que sentam lado a lado e quase não trocam uma palavra. Casais que saem para comer e os dois ficam em silêncio, rolando o feed.

É como se a gente tivesse desaprendido a estar presente.

Às vezes eu falo brincando: "Vocês estão sentados um de frente para o outro. Podem conversar. Não precisam se escrever." Aí todo mundo ri.

O celular já faz tempo que não é só um aparelho. Ele é despertador, calendário, câmera, central de mensagens e também rota de fuga. Um companheiro constante. Sempre na mão. Sempre "importante". E aí está o problema. Enquanto a gente está sempre online, a gente perde a vida que acontece bem na nossa frente.

Uma cena do treino ficou na minha cabeça. Uma criança mostrou, toda orgulhosa, uma técnica nova. Olhou para a mãe, procurando o olhar dela. Mas ela estava digitando uma mensagem. Quando ela levantou a cabeça por um segundo, o momento já tinha passado. A criança virou e continuou. Sem drama. Sem palavra. Só aquele pequeno corte, que ninguém vê, mas dá para sentir.

E não é só com pais. A gente todo mundo faz parte disso. Quantas vezes alguém está na nossa frente contando algo, e a gente só concorda pela metade. Metade ali. Metade em outro lugar.

Quantas vezes a gente rola a tela sem pensar, em vez de olhar para o rosto real que está ali.

Para mim, o problema do celular não é o aparelho. É o que está por baixo.

Eu acho que muita gente não aguenta mais o silêncio. Porque silêncio não é vazio. No silêncio a gente escuta a gente mesmo. E nem sempre é só paz. Tem pensamentos, pressão, preocupações, coisas pendentes, às vezes até solidão. O celular facilita fugir disso. Um toque, um deslizar, e você não precisa sentir.

O segundo motivo é hábito. A gente se acostumou a preencher qualquer espacinho. Fila do caixa. Sentado no carro. Cinco minutos de pausa. Antes isso era só tempo. Hoje vira "tempo perdido", que precisa ser enchido com conteúdo.

O terceiro motivo é esse "eu preciso estar disponível". Tudo pode ser importante. Tudo pode ser urgente. E é assim que parece. O celular transforma cada momento numa pequena prontidão. Mesmo quando não acontece nada, fica na cabeça: pode vir alguma coisa.

E tem mais um motivo que muita gente não gosta de ouvir: a gente procura validação. Um like. Uma mensagem. Um sinal de que alguém viu a gente. Isso é humano. Mas quando isso vira dependência, a gente começa a perder a proximidade real. A gente se senta junto e, mesmo assim, não está junto.

No fim, o problema do celular muitas vezes é proteção. Ele protege a gente do tédio, da inquietação, dos sentimentos, das conversas, das decisões. Ele deixa a vida mais fácil, mas também mais rasa. E aí você percebe: eu estou sempre ocupado, mas não estou realmente conectado. Nem com os outros. E às vezes nem comigo mesmo.

E sim, eu também me pego nisso. Os dedos vão sozinhos para o celular. Sem motivo. Por hábito. Por tédio. Ou só porque a distração ficou fácil demais.

Só que no silêncio acontece algo importante. Ouvir de verdade. Ver de verdade. Sentir: eu estou aqui.

Às vezes eu deixo o celular de propósito de lado. Aí eu percebo como tudo fica quieto. E como a gente percebe mais coisas quando não tem nada atrapalhando. Um sorriso. Um olhar. Uma conversa que fica mais profunda.

Tudo isso está ali. Só que muitas vezes passa despercebido.

Talvez a gente devesse lembrar mais vezes: nenhum post, nenhum like, nenhuma mensagem são mais importante do que a pessoa que está sentada com a gente agora. Porque um dia esse momento passa. E o que não foi vivido não volta.

O celular pode esperar. A vida não.

Até a atenção é temporária. E se a gente vai dar ela para alguém, que seja de forma consciente.

O que fica?

No fim não fica o que a gente possui, mas o que a gente compartilhou, ensinou e amou. Porque a gente não deixa coisas. A gente deixa marcas. Um sorriso. Um conselho. Uma lembrança. Talvez um gesto que deu força para alguém. Ou uma frase que chegou na hora certa, no momento certo.

Muita gente passa a vida inteira correndo atrás disso: mais dinheiro, mais segurança, mais valor. Trabalha, economiza, investe. Casa, carro, conta, sempre com aquela sensação: quando eu tiver isso, eu estou seguro.

Mas no fim fica claro: no dia X ninguém leva nada disso. No fundo, tudo o que a gente "tem" é só por um tempo na nossa vida. Dinheiro, bens, status, sucesso. É "nosso" de forma temporária. É emprestado. E um dia a gente devolve.

A gente esquece isso fácil. Aí a gente se agarra, como as coisas pudessem segurar a gente. Mas elas também são só companheiras por um tempo. O verdadeiro valor não está em ter. Está em ser e em dar.

Talvez o que a gente "possui" nem seja o que conta. Talvez a verdadeira riqueza seja quantas pessoas foram tocadas. Quanta amor foi dado. Quantas vezes alguém ganhou esperança. Porque são essas coisas que continuam vivendo quando a gente já foi embora.

As coisas passam. Lembranças ficam. Bens podem ser deixados para alguém. Mas não o calor de um sorriso. Quando a gente entende isso, muita coisa fica mais leve. Aí não importa mais quanto existe. Importa quanto foi dado. O que fica é aquilo que a gente compartilhou.

Todo o resto foi só temporário.

Olhando para trás

Quando eu olho para trás hoje, eu fico impressionado com a velocidade com que tudo passou.

Como pai de três filhos, eu vivi fases bem diferentes. Tem épocas em que dois dos meus filhos estavam comigo quase só nos fins de semana. E depois vieram anos em que eu criei uma criança sozinho, enquanto os dois mais velhos já eram adultos. Cada fase foi diferente. E cada uma foi valiosa do seu jeito.

Eu lembro daqueles fins de semana pelos quais a gente espera a semana inteira. Risadas, passeios, pequenas aventuras, noites de filme, conversas, às vezes sérias, às vezes bobas. E quando chega o domingo à noite, a gente sempre se pergunta: para onde foi o tempo?

Mais tarde, quando eu voltei a ser pai de uma criança pequena, eu entendi de verdade como esses momentos são preciosos. Quando uma criança dorme, ri, pergunta, ou simplesmente está ali. São instantes que nunca voltam exatamente iguais. Eles passam em silêncio, quase sem a gente perceber. E de repente existe um jovem na nossa frente, seguindo o próprio caminho.

Com o tempo eu aprendi a não contar os dias, mas sentir eles. A não ficar esperando os filhos "ficarem logo grandes", mas viver o instante em que eles são pequenos. Porque o que hoje parece normal, amanhã já é lembrança.

Pais planejam muito: trabalho, horários, obrigações. Crianças vivem no agora. Para elas não importa quanto você fez. Importa se você está presente. E para mim esse é o maior presente que a gente pode dar aos filhos: tempo.

Eu sou grato por cada hora em que eu pude ser pai. Por cada sorriso. Por cada "pai". Por essa vida normal, que sempre lembra a gente do que realmente importa.

Porque uma coisa é certa: o tempo com os filhos passa mais rápido do que a gente imagina. E não volta.

Então aproveite cada momento.

Porque até esse tempo é temporário.

Quando os filhos vão

Um dia chega o momento em que o filho que a gente criou sai de casa. Aquele momento que a gente empurra para longe, porque lá no fundo a gente sabe: ele vai chegar. E mesmo assim parece que, de repente, um pedaço da própria vida está fazendo a mala.

Quando meu último filho saiu de casa com 19 anos, ele me olhou e perguntou: "E o que você vai fazer agora sem mim?" A resposta saiu na hora: "Chorar o dia inteiro." Nós dois rimos. E ao mesmo tempo ficou claro: nessa piada tem mais verdade do que a gente gosta de admitir.

Nas semanas antes, essa pergunta veio várias vezes: "Como você está com isso? Com a mudança. Com a nova cidade." E, sinceramente: mal. Depois de tantos anos era estranho. A casa ficou mais silenciosa, a rotina mais calma, quase calma demais. Faltava alguma coisa que tinha virado tão normalmente: esses detalhes do dia a dia. Um barulho no corredor. Uma voz vinda do quarto. Uma frase rápida na cozinha.

Nessa fase eu fiquei feliz por não estar sozinho. Minha esposa Silvina estava comigo. Ela me acompanhou nesses dias, me segurou quando ficava pesado e me mostrou, de novo e de novo, que a vida continua. Só o fato de não ter que carregar tudo sozinho já fez muita diferença.

E então, aos poucos, veio um pensamento diferente: isso também faz parte da vida.

A gente não cria filhos para prender. A gente cria para eles poderem ir. Aí está o sentido, mesmo quando dói. Soltar não significa que tanto faz. Soltar significa confiar. Confiar no que a gente deu. E confiar na vida.

Quando eu olho para trás, eu vejo muitos momentos em que foi preciso soltar: relações, lugares, pessoas, trabalhos, situações. Muitas vezes doeu. E sempre, em algum momento, surgiu espaço para algo novo.

Aqui é igual. O coração precisa de tempo para se ajustar. Mas ele cresce com cada mudança.

Naquela noite, sozinho na sala, voltou aquele pensamento que me acompanha desde o começo deste livro: tudo é temporário.

Mas talvez a beleza esteja exatamente aí. Quando nada fica, a gente aprende a amar o momento, em vez de tentar segurar.

Quando os filhos vão, o amor fica. E essa dor também é temporária.

O recomeço silencioso

Com a saída do meu filho, não começou um novo capítulo só para ele, mas também para nós aqui em casa. Para ele era partida: vida própria, um novo ambiente, outra cidade, uma casa dele, rostos novos, um estudo começando. Uma mistura de curiosidade, empolgação, liberdade e insegurança. Eu estava orgulhoso. E ao mesmo tempo veio aquele momento silencioso: agora é de verdade.

Antes da mudança do nosso filho de 19 anos, eu e minha esposa íamos com frequência para Dortmund para ajudar. Reformar o apartamento, montar móveis, instalar a cozinha, pintar paredes, arrumar pequenos detalhes. Essas viagens ocupavam a gente. Davam estrutura para a transição. A gente ainda estava "no meio", ainda tinha uma tarefa. E a gente sentia: nós estamos acompanhando-o.

E aí, de repente, ficou assim: ele vive lá, e a gente vive aqui. De repente tinha mais espaço, mais ordem, mais silêncio. E isso, no começo, foi estranho.

Não eram só as coisas grandes. Eram as pequenas. Os sapatos no corredor agora eram só dois pares. À noite, a luz da casa ficava apagada mais vezes. Ninguém mais chamava do quarto: "Você pode só..." Ninguém mais aparecia na cozinha só para pegar algo rápido e ainda soltar uma piada.

No mercado, as sacolas enchiam mais devagar. Os recibos ficaram menores. E ao mesmo tempo o olhar começou a ir para outras coisas. A gente comprava diferente, pensava diferente, planejava diferente. Essas mudanças acontecem em silêncio, sem a gente perceber, até perceber: este é o nosso novo dia a dia.

No começo, esse silêncio às vezes era bom. E às vezes tinha um toque de saudade. Não era algo ruim, era só novo. Uma quietude que abre espaço para pensamentos, para lembranças, para aquele olhar rápido para trás: lembra como era antes?

Com o tempo ficou claro: isso também é um recomeço. Não só para o filho, mas para nós. O tempo que antes era naturalmente preenchido pela família, agora vai se preenchendo de outro jeito: caminhadas, conversas, uma calma compartilhada, mais "nós".

E mesmo assim, família não desaparece. Ela só muda de forma. Do convívio diário nasce outro tipo de convívio. Do "vem aqui rapidinho" vira "me liga só um minuto". Do cotidiano vira uma visita que a gente espera com alegria. Da presença vira confiança.

Às vezes eu olho para o espaço onde antes tinha mais vida e penso: como passou rápido. E aí volta o orgulho, porque aquilo que a gente deu sustenta. Nosso filho segue o caminho dele. E nós seguimos o nosso.

Talvez esse seja o próximo passo: não menos família, mas uma outra forma de família. Agora é olhar para frente. Não segurar, mas aceitar. Ficar aberto para o que vem: para o novo, para a mudança, para a vida.

Eu quero viver o que a vida dá da forma mais consciente possível. Sem pressa. Sem correr. Ver, sentir, ouvir, viver. De um jeito que um dia eu olhe para trás e, com um sorriso, pense: sim. Foi bom assim.

Mesmo que tenha sido só temporário.

O recomeço silencioso

Com a saída do meu filho de casa, começou um novo capítulo. Não só para ele, mas também para nós aqui em casa. Para ele era partida: vida própria, um novo ambiente, outra cidade, uma casa só dele, rostos novos, um curso que começa. Uma mistura de curiosidade, empolgação, liberdade e insegurança. Eu estava orgulhoso. E ao mesmo tempo veio aquele momento silencioso: agora é de verdade.

Antes da mudança do nosso filho de 19 anos, eu e minha esposa íamos com frequência para Dortmund para ajudar. Reformar o apartamento, montar móveis, instalar a cozinha, pintar paredes, consertar pequenas coisas. Essas viagens ocupavam a gente. Davam estrutura para a transição. A gente ainda estava "no meio", ainda tinha uma tarefa. E dava para sentir: nós estamos acompanhando-o.

E de repente ficou assim: agora ele vive lá, e nós vivemos aqui. De uma hora para outra tinha mais espaço, mais ordem, mais silêncio. E isso, no começo, foi estranho.

E não eram só as coisas grandes. Eram as pequenas. No corredor, de repente, só ficaram dois pares de sapato. À noite, as luzes da casa ficavam apagadas mais vezes. Ninguém mais chamava do quarto: "Você pode só..." Ninguém mais entrava na cozinha só para pegar alguma coisa rápida e ainda soltar uma piada.

No mercado, as sacolas enchiam mais devagar. Os recibos ficaram menores. E, ao mesmo tempo, o olhar foi para outras coisas. A gente comprava diferente, pensava diferente, planejava diferente. Essas mudanças acontecem em silêncio, sem a gente perceber, até perceber: este é o nosso novo dia a dia.

No começo, esse silêncio às vezes era bom. E às vezes tinha um gosto de saudade. Não era algo ruim, era só novo. Uma quietude que abre espaço para pensamentos, para lembranças, para aquele olhar rápido para trás: lembra como era antes?

Com o tempo ficou claro: isso também é um recomeço. Não só para o filho, mas para nós. O tempo que antes era preenchido naturalmente pela família, agora vai se preenchendo de outro jeito: caminhadas, conversas, calma juntos, mais "nós".

E mesmo assim, família não some. Ela só muda de forma. Do convívio diário nasce outro tipo de convívio. Do "vem aqui rapidinho" vira "me liga só um minuto". Do cotidiano vira uma visita que a gente espera com alegria. Da presença vira confiança.

Às vezes eu olho para o lugar onde antes tinha mais vida e penso: como passou rápido. E aí volta o orgulho, porque aquilo que a gente deu sustenta. Nosso filho segue o caminho dele. E nós seguimos o nosso.

Talvez esse seja o próximo passo: não menos família, mas uma outra forma de família. Agora é olhar para frente. Não segurar, mas aceitar. Ficar aberto para o que vem: para o novo, para a mudança, para a vida.

Eu quero viver o que a vida dá da forma mais consciente possível. Sem pressa. Sem correr. Ver, sentir, ouvir, viver. De um jeito que um dia eu olhe para trás e, com um sorriso, pense: sim. Foi bom assim.

Mesmo que tenha sido só temporário...

O caminho até o primeiro livro

Meu primeiro livro, "A Arte do Wing Chun", não foi um projeto que simplesmente apareceu do nada.

Foi um caminho longo. Dez anos de trabalho, dúvidas, pausas, recomeços, pequenas vitórias e grandes perguntas. Dez anos em que muitas vezes vinha o pensamento: para onde isso tudo deve levar?

Houve fases cheias de energia. Ideias sem fim. Entusiasmo. Eu me sentava na mesa e os pensamentos vinham. Página por página nascia algo que parecia certo.

E aí vinham os outros dias. A cabeça vazia. A rotina em cima. Ou simplesmente nenhuma vontade. E então surgiam as perguntas: para quem é esse livro? Que temas têm que entrar? Como os capítulos devem ser montados? Que desenhos, fotos e exemplos realmente combinam?

Às vezes eu escrevia as primeiras linhas, lia no dia seguinte e riscava tudo de novo. Aí o projeto ficava parado por semanas. Até que um pensamento novo, uma experiência ou uma conversa me colocava de volta na mesa.

Nessa fase eu entendi uma coisa: inspiração nem sempre vem sozinha. Às vezes você precisa ficar sentado, mesmo quando as palavras não fluem. Às vezes disciplina é mais importante do que motivação. E às vezes basta uma faísca pequena para o fogo pegar de novo.

Desistir nunca foi meu estilo. Já faz décadas. Persistir faz parte da arte. Não só no Wing Chun, mas também na escrita. Os dois pedem paciência, clareza e entrega.

Hoje eu tenho “A Arte do Wing Chun” nas mãos. E quando eu olho para esses dez anos, eu sei: cada hora, cada dúvida, cada pausa teve sentido.

Foi um processo, não um sprint. Uma viagem que me formou. Como professor, como ser humano, como autor.

E como tudo na vida, esse tempo também não foi infinito. As horas longas na mesa, as noites sem dormir, o vai e vem na cabeça — tudo isso foi só uma fase.

Talvez essa seja a parte mais bonita: aquilo que levou tanto tempo hoje existe. Em palavras. Em pensamentos. Nas mãos de quem lê.

Porque até o esforço passa. Mas aquilo que a gente constrói pode ficar.

Foi difícil. Foi ensinamento. Foi temporário.

Abençoado por poder fazer o que eu amo

Às vezes a gente olha para a própria vida e se pergunta como tudo isso aconteceu. Aí os começos voltam na cabeça: salas pequenas de treino, condições simples, dias em que só meia dúzia de alunos aparecia na aula.

Naquela época, Wing Chun era principalmente paixão. Mais coração do que plano. Era treinar, entender, melhorar. E passar essa arte marcial adiante.

Hoje, muitos anos depois, o que existe acima de tudo é gratidão. E sim, também um pouco de orgulho. Não porque tudo foi perfeito, mas porque algo real nasceu de algo pequeno. De um hobby virou uma missão. De uma ideia virou uma escola. E de alunos, com o tempo, virou uma espécie de família. Pessoas que compartilham a mesma paixão e se puxam para cima.

E isso também é temporário. Não no sentido de "vai acabar", mas no sentido de: vai mudar. Uma missão quase nunca fica exatamente igual. Ela cresce, fica mais silenciosa ou maior, mas continua viva.

Desde 1995 eu ensino. Muita coisa mudou, mas o essencial ficou: a alegria de dar aula, o brilho no olhar quando alguém entende algo de repente, e aquela energia especial que existe num treino bom.

Talvez você, leitor, esteja se perguntando exatamente isso: como encontrar uma missão e ter coragem de fazer o que se ama, mesmo com altos e baixos. Antes de responder, eu deixo uma sabedoria chinesa aqui:

"Se você quer ser feliz por uma hora, tire um cochilo. Se você quer ser feliz por um dia, vá pescar. Se você quer ser feliz por um ano, herde uma fortuna. Se você quer ser feliz por uma vida inteira, ajude os outros." (Provérbio chinês)

Você leu o livro até aqui e já me conhece um pouco. "Dinheiro não é tudo", diz o ditado. E quando você junta isso com a ideia de que, no fim, tudo é emprestado, a direção fica clara.

Ajudar os outros vales mais. É algo que não tem preço. E é algo que continua, porque as pessoas que você ajuda não ficam só felizes. Elas se desenvolvem. E essa é a parte bonita de ajudar: você deixa marcas. Você deixa algo real. Algo que dinheiro nenhum consegue substituir.

Comigo, o Wing Chun começou como hobby. Só paixão. Aí, com os anos, foram chegando mais pessoas querendo treinar. Cresceu, ficou mais intenso. E em algum momento eu precisei decidir.

Porque naquela época eu era autônomo, trabalhando na área externa de vendas. Eu conto mais desse período no volume 2 desta série. Mas o que importa aqui é: as duas coisas juntas não davam mais. O dia não era longo o suficiente.

No ano 2000 eu estava diante de uma escolha: continuar num trabalho bem pago, com chances extraordinariamente boas, ou me dedicar totalmente à escola de artes marciais, com expectativas bem menores em relação ao dinheiro.

O que eu escolhi você já sabe. E eu nunca me arrependi.

Sobre a coragem, eu me fiz uma pergunta bem simples: o que é o pior que pode acontecer? Coragem não é não ter medo. Coragem é ir mesmo assim, porque você sabe: até o medo é temporário. Ele não fica para sempre. Mas aquilo que você constrói pode ficar.

Claro, tinha responsabilidade. Aluguel, custos pessoais, custos do negócio. Tudo precisava funcionar. Mas se não desse, eu teria pegado trabalhos extras ou buscado outras fontes de renda. Porque quem quer trabalhar, encontra trabalho.

E sim, a verdade é: por um a dois anos eu realmente precisei ganhar dinheiro extra para manter a escola estável. Foi pesado. Hoje eu sei: o pesado sempre parece "para sempre", mas não é. É só uma fase. E esse pensamento me carregou por muitos dias.

Mas ver todos os dias aqueles rostos felizes, ver a união de crianças, jovens e adultos, sentir que ali nascia algo que fazia bem às pessoas... isso valeu o esforço.

E além disso, bem... desistir nunca foi meu estilo.

Com a equipe, que parece uma segunda família, já conquistamos mais de 40 títulos mundiais. Quando eu vejo em campeonatos como os alunos aplicam o que foi construído juntos, isso é uma sensação forte. Não só por medalhas, mas porque fica claro: treino funciona. Trabalho vale a pena. Pessoas crescem.

Porque sucesso não é acaso. Por trás existe disciplina, confiança, união e muita repetição. Inclusive nos dias em que a gente nem está com vontade.

É um presente poder fazer o que se ama. Muita gente trabalha por anos em profissões que não preenchem. Sonham, mas não dão o passo. Aqui essa sorte existiu. E disso nasce uma gratidão verdadeira.

Nos últimos anos veio mais uma coisa: escrever. Primeiro eram anotações pequenas. Pensamentos. Frases. Depois foi ficando maior. Não como substituição, mas como complemento. Um outro jeito de dividir o que me move.

Dar aula continua sendo a primeira prioridade. Mas escrever ajuda a colocar as coisas em ordem, a refletir e, às vezes, até a soltar.

Quando a gente olha para trás, não vê só vitórias. Vê também quedas, desvios, fases duras. E são justamente essas fases que muitas vezes mais nos formam.

E enquanto estas linhas nascem, uma coisa fica clara de novo: até este tempo, por mais bonito que seja agora, um dia vai ser lembrança.

Tudo é temporário. E talvez esse seja o maior presente.

O próximo capítulo

Há algum tempo, alguém me fez uma pergunta: "Quando um livro desses fica pronto?" Eu sorri, porque a pergunta, à primeira vista, parece simples. Mas não é. Por que quando é que alguma coisa fica realmente pronta? Uma casa, um relacionamento, uma fase da vida, um pensamento.

A resposta mais honesta é muitas vezes: nunca totalmente. Porque tudo muda. Porque a gente muda. E porque a vida sempre traz novos pontos de vista. Por isso essa frase também combina aqui: tudo é temporário, até a sensação de "pronto".

Quando as últimas linhas nasceram, eu percebi: um fim quase nunca é um fim de verdade. É mais uma parada no caminho. Um momento para olhar para trás, respirar e deixar as coisas assentarem.

Durante a escrita, mais de uma vez eu pensei: este é o último capítulo. E aí aparecia de novo alguma coisa. Uma lembrança. Uma conversa. Uma situação. E de repente tinha mais um tema que também fazia parte.

Mesmo assim, chega uma hora em que a gente precisa decidir: por agora, está concluído. Não porque não exista mais nada para dizer, mas porque é hora de fazer uma pausa. Porque, como na vida, na escrita também vale: toda história precisa de ar.

Para mim, este livro não é uma "obra pronta" que você fecha e guarda. Ele é mais um diálogo. Entre mim e você.

Talvez, lendo, você tenha lembrado de coisas suas. Talvez tenha voltado uma memória antiga. Talvez tenha surgido um pensamento que você gostaria de compartilhar. É exatamente isso que eu desejo: que o livro não pare no ponto final, mas continue dentro de você. Por isso, aqui vai um convite.

Se você viveu uma história que combina com esse tema, algo que te mostrou como tudo pode ser passageiro, ou um momento que te tocou de verdade, então me escreva. Pode ser só alguns tópicos. Pode ser uma história curta. Pode ser só um pensamento. Desses relatos pode nascer o volume 2: uma coleção de momentos reais. Da vida. De pessoas como você.

Eu vou ler as mensagens, escolher, e transformar isso em novos capítulos, do jeito que eu fiz aqui. E se você quiser, seu nome pode aparecer no próximo livro. Não como manchete. Só como sinal de que palavras conectam e que pensamentos continuam.

Porque este livro não é só o meu projeto. É também um pedaço de vida compartilhada. Em palavras, experiências e sentimentos.

Todos nós carregamos histórias que podem ajudar outras pessoas a ver a vida de um jeito mais leve. Às vezes são coisas pequenas. Uma frase. Um olhar. Um encontro. E de repente algo muda por dentro.

Uma história que me tocou muito veio do meu irmão mais novo: um pai estava sempre ocupado, sempre com a cabeça no trabalho. Um menino pequeno foi até ele e perguntou: "Pai, quanto você ganha por hora?" O pai se sentiu incomodado e respondeu rápido: "20 euros." O menino foi embora. Mais tarde, voltou e perguntou baixinho: "Pai, você pode me emprestar 10 euros?" O pai ficou impaciente: "Pra quê você quer isso? Você acabou de ganhar mesada."

O menino disse: "Eu já tenho 10 euros. Se você me emprestar mais 10, eu fico com 20." O pai não entendeu onde aquilo ia dar. E então o menino falou: "Aí eu posso comprar uma hora do seu tempo." Essa frase fica. Porque é simples. E porque mostra do que se trata no fim.

Se você quiser me mandar seus pensamentos, ideias ou pequenas experiências, pode mandar por e-mail: book@ml-publishing.com

Talvez você se veja no próximo livro. Num capítulo inspirado na sua vida. Porque este livro não termina de verdade aqui. Ele continua. Em você, em mim, e em todas as histórias que ainda querem ser contadas.

E o mais bonito é isso: a gente se lembra, um ao outro, do que realmente importa.

Até este fim é só temporário.

Às vezes mais longo, às vezes mais curto

Às vezes ajuda ver a vida não como um bloco gigante, mas como muitos trechos pequenos.

Se a gente for bem honesto, a nossa vida é feita de transições. De uma fase para outra. Às vezes suave. Às vezes dura. Às vezes planejada. Às vezes de repente. Mas no fim, sempre é uma mudança.

Nascimento, creche, escola primária, escola seguinte, formação ou faculdade, primeiro emprego, segundo emprego, talvez uma mudança de carreira, um curso novo, novos colegas, novas regras, novas preocupações, novas chances.

E em casa é parecido. Primeiro relacionamento, segundo relacionamento, talvez uma separação, talvez um recomeço, talvez o grande amor, talvez também um desvio que dói, mas que no fim deixa a gente mais forte.

E aí existem aqueles trechos que ninguém deseja, mas que mesmo assim chegam: uma doença, uma cirurgia, um medo real, ou simplesmente o momento em que você entende: saúde não é garantida.

Primeiro apartamento, segundo apartamento, uma mudança, um novo lar, novos vizinhos, novos caminhos. E as coisas boas: primeira viagem, segunda viagem, lugares novos, lembranças novas.

Quando a gente olha assim, fica claro: nada disso é para sempre. Algumas coisas duram só semanas. Outras se estendem por anos. Mas até anos passam. E quando você olha para trás, muitas vezes pensa: aquilo foi "só" uma fase.

Eu acho que essa é uma das maiores lições da vida.

Porque quando a gente está no meio, parece que não vai terminar nunca, seja algo bonito ou algo pesado. O bonito a gente quer segurar. O pesado a gente quer arrancar fora na hora. Mas os dois não funcionam assim.

O bonito não fica para sempre. E o pesado às vezes parece eterno. Mas ele também passa. Os dois são temporários.

E eu não digo isso de forma fria, nem indiferente. Eu digo isso como consolo. Porque isso dá ar.

Se você está numa fase difícil agora, lembra disso: é um trecho, não é a sua vida inteira.

E se você está numa fase boa agora, lembra disso também: é um trecho. Aproveita. Esteja presente. Porque até o bom um dia muda de lugar.

Muita gente vive como se tudo fosse definitivo. Uma briga vira catástrofe. Um erro vira fim do mundo. Uma notícia ruim vira medo do futuro na mesma hora.

Mas a gente sabe: já sobrevivemos a tanta coisa.

Quando eu olho para a minha própria vida, eu vejo isso. Teve épocas em que eu pensei: isso não dá para aguentar. Hoje são lembranças. E teve momentos tão bonitos que eu queria ter congelado. Hoje são imagens na cabeça que aquecem por dentro. Tudo seguiu. Trecho por trecho.

Talvez essa seja uma boa forma de olhar para a vida. Não para diminuir a vida. Mas para deixá-la mais leve.

Porque aí tem menos pressão. A gente não consegue controlar tudo. Não dá para segurar tudo. Não dá para evitar tudo. Mas dá para viver com consciência.

Dá para se perguntar mais vezes: em que trecho eu estou agora? O que é importante agora? O que me faz bem? O que não me faz bem? O que eu posso mudar? E o que eu não posso?

E às vezes basta uma frase para ficar mais calmo: é só uma fase.

Quando você olha para o seu passado, quase sempre percebe: fase boa ou fase difícil, no fim foi "só" uma fase. Às vezes mais longa, às vezes mais curta. Mas não a vida inteira.

E é exatamente por isso que vale a pena levar o momento a sério, mas não pesado demais.

Porque até este momento é temporário.

Parceria

Eu só falo da minha esposa Silvina com mais detalhes agora, e isso tem um motivo. Tudo o que eu escrevi até aqui é passado. São pensamentos, experiências, lembranças, momentos que passaram. Um piscar de olhos na eternidade.

Com Silvina é diferente. Isso não é lembrança. Não é história antiga. Isso é agora. Enquanto estas linhas nascem, isso vive, respira, existe. E por isso eu não quis colocar esse tema "no meio" de outros capítulos. Ele fica sozinho aqui no fim, como aquilo que fica. E talvez isso já diga tudo.

Não é à toa que eu a salvei no meu celular como "La Mujer de mi Vida" – "a mulher da minha vida". Porque para mim esse nome não é só romantismo. É chegada. É calma. É aquela sensação de: agora encaixou.

Uma parceria de verdade não aparece nos dias em que tudo é fácil. Ela aparece quando a vida testa.

Silvina entrou na minha vida quando muita coisa já tinha ficado para trás. Eu já tinha vivido muito, carregado muito, e tinha passado anos sozinho com meu filho mais novo. Dez anos eu fui pai e mãe ao mesmo tempo. Aí ela chegou. E de repente tinha alguém que não enxergou só a mim, mas também meu filho.

Quando veio o outing, não foi um caminho simples. Mas Silvina ficou do nosso lado desde o começo. Sem hesitar. Sem condições. Com o coração aberto e compreensão de verdade. Sem perguntas, sem pressão, sem "por quê". Só presente. Com amor, com calma, com força. Nos anos a partir de 2021 ela ajudou a gente como podia e muitas vezes segurou as pontas por mim. Ela me deu a calma que eu precisava para voltar a escrever.

Anos antes de a gente se conhecer, eu já tinha começado a trabalhar em "A Arte do Wing Chun". Mas eu não avançava de verdade, porque me faltava exatamente isso: tranquilidade. Com ela, isso mudou. Ela criou espaço para os meus pensamentos, me deixou trabalhar em silêncio e entendeu que criatividade precisa de tempo. Sem cobrança. Sem irritação. Só aquele "faz" silencioso.

Mas a nossa parceria não foi feita só de palavras. Teve suor e poeira também.

Juntos nós compramos uma casa de 120 anos, que precisava de reforma completa. Nove meses de trabalho. Sem fins de semana, sem feriados, sem Natal. Enquanto outras pessoas descansavam, a gente estava no meio do pó. Tinta nas mãos, dor nos braços.

Uns 90% a gente fez sozinho: reboco, massa, pintura, piso, paredes. Muitas vezes até tarde da noite. E Silvina não ficou atrás em nada. Ela pegava firme onde muita gente já teria desistido.

Essa fase foi pesada. Mas foi, como tudo na vida, temporária. Hoje a gente vive num lar aconchegante. E cada parede, cada chão, carrega a nossa mão ali dentro. Isso parece "chegar em casa". Para mim, isso é parceria de verdade. Não palavras bonitas. Ação. Não só amor nos dias bons, mas união quando fica difícil.

E se você, como eu, já teve relações ou casamentos que não deram certo, então não desista de procurar. Eu quero acreditar que existe um "par" para cada pessoa. Alguém que ama, completa, com quem dá para crescer e construir algo junto. Talvez não perfeito. Mas certo. Talvez não barulhento. Mas verdadeiro.

Talvez você esteja pensando agora: "Ué, então com Silvina não é temporário? Eu achei que tudo era temporário."

E a resposta é: claro que com Silvina também é temporário. Como tudo.

Só que é assim: se tudo continuar como está, um de nós dois vai precisar deixar este mundo para, olhando para trás, a gente dizer de verdade: "isso foi temporário". E eu espero que isso ainda demore muitas décadas.

Até lá, para mim, é simplesmente o que vale: estar junto, se apoiar, aguentar junto, rir junto, viver junto. Do melhor jeito possível. Enquanto der.

Eu sou grato por Silvina fazer parte da minha vida. Não porque ela deixou tudo mais fácil, mas porque ela deixou tudo mais verdadeiro.

Obrigado, Silvina. Pela tua calma. Pela tua força. E por tudo aquilo que não dá para explicar direito com palavras.

Pensamento final

Quando eu olho para trás e vejo a minha vida, eu enxergo alegria e dor, vitórias e derrotas, amor e despedidas. Como um percurso: às vezes para cima, às vezes para baixo. Mas acima de tudo eu enxergo uma coisa: movimento. Nada ficou como era. E, olhando hoje, muitas vezes isso foi até bom.

Com o tempo eu aprendi a não levar a vida tão pesada. A me irritar menos com o que eu não posso mudar. E a aproveitar com mais consciência aquilo que está aqui agora.

Nós todos fazemos parte desse grande fluxo que se chama vida. Às vezes calmo, às vezes turbulento, mas sempre em movimento. A gente não consegue parar esse fluxo. A gente só aprende a seguir junto.

E, sendo bem honesto, no fim não são os grandes marcos que mais contam. São os pequenos momentos. Um olhar. Uma risada. Uma frase dita na hora certa. Uma pessoa que está ali. Uma mão no ombro. Um instante silencioso em que você percebe: isso aqui é o suficiente.

Talvez essa seja a verdadeira força: não querer controlar tudo, não precisar lutar por tudo, mas perceber quando é hora de soltar.

E essa é a essência deste livro. E talvez também da própria vida: não leve tudo tão pesado. Aproveite mais.

Fique mais vezes no agora. Porque até este momento é temporário.

Porque tudo é temporário.

Prévia do Volume 2

O Volume 2 está em planejamento. Estes aqui são os primeiros títulos de trabalho. Talvez ainda mude alguma coisa, mas a direção parece certa.

- Suzi, a Pata
- Bolinhas de gude
- Contatos sociais
- A agulha
- Quer sair comigo?
- Reis da Morte (Kings of Death)
- Fratellini
- Os anos 80
- O gatilho para o começo: Wing Chun
- Jennifer Lopez
- Betty das Almôndegas
- De repente, padrasto
- O trabalho externo
- Padrasto II

Agradecimentos

Provavelmente ninguém escreve um livro sozinho. Mesmo que muitas horas na mesa pareçam silenciosas e solitárias, uma obra assim sempre nasce de encontros, conversas, lembranças e das pessoas que cruzam o nosso caminho.

Obrigado, Silvina, mi Amor. Pela tua paciência, tua compreensão e teu amor. Você me sustentou em fases em que eu duvidei. Você me deu calma quando eu precisava. E você estava ali, sem pressionar, sem condições, simplesmente ali. E como você é tão leitora, quase nunca te vejo à noite sem um livro, você sempre conseguiu me dar a tua visão como leitora. Isso me ajudou a deixar este livro mais agradável de ler, mais claro e mais redondo, mais perto das pessoas.

Obrigado aos meus filhos. Vocês me ensinaram muito só por existirem. Sobre paciência, responsabilidade e sobre o que realmente conta na vida. Muitos pensamentos deste livro nasceram de momentos que eu vivi com vocês. Vocês foram e são a minha inspiração.

Obrigado aos meus amigos, aos meus alunos, a todos os companheiros de caminho e leitores. Pelas conversas, pelas perguntas, pela motivação e, às vezes, também por questionarem. Cada encontro deixou marcas. E muitas dessas marcas estão dentro deste livro.

Um agradecimento especial vai para Jane Kirberich, pela revisão e pelo olhar claro para os detalhes. Com a sua precisão e o seu jeito calmo, ela fez muito bem ao meu livro.

Sobre o autor

Mario Lopez vive com a sua esposa Silvina em Duisburg. Ele escreve do mesmo jeito que vive: direto, sincero e sem muita frescura. Quando não está dando aula ou escrevendo, ele prefere estar com a família e os amigos, jogar bilhar ou andar de moto. Ele aproveita o momento e se lembra sempre: **tudo é temporário.**

Recomendação de livros

The Explosive Art of Close Range Combat – de Randy Williams
Seis volumes com aplicações, técnicas e reflexões sobre Wing Chun.

Close Range Combat Wing Chun – de Randy Williams
Três volumes para o desenvolvimento e o aprofundamento do sistema Wing Chun.

Meu presente para parar de fumar com prazer – de Peter Kruse
Divertido, motivador, sem moralismo.

A Arte do Wing Chun – de Mario Lopez
Meu primeiro livro, com mais de 100 QR codes que levam diretamente a vídeos. Ideal para iniciantes, praticantes avançados e instrutores.

Obrigado

Se você leu até aqui, então eu agradeço. Talvez você tenha se reconhecido em algumas linhas, talvez tenha pensado em alguém, talvez tenha sorrido em algum capítulo ou ficado em silêncio por um instante. Foi exatamente por isso que eu escrevi este livro. Não para te dizer como você deve viver, mas para te lembrar de que muita coisa fica mais leve quando a gente entende: tudo muda. Se você está passando por um momento difícil, eu te desejo força e paciência — isso também vai passar. E se você está vivendo uma fase boa, eu te desejo que você a aproveite no agora, com atenção e gratidão, porque momentos assim viram lembrança muito rápido.

Cuide de você e não se esqueça, de vez em quando, de simplesmente estar presente.

Tudo é temporário.

Mario Lopez

www.ingramcontent.com/pod-product-compliance
Lightning Source LLC
LaVergne TN
LVHW051008080826
845145LV00009B/2514